취미부터 취업·창업까지

사주
카운슬러

입문 편

취미부터 취업·창업까지

사주
카운슬러 입문 편

초판 1쇄 발행 2023년 12월 1일

지은이 박수연
펴낸이 유지서

펴낸곳 이야기공간×홍인문화원   **출판등록** 2020년 1월 16일 제2020-000003호
주소 04071 서울특별시 마포구 독막로 10, 성지빌딩 606호 (합정동)
전화 070-4115-0330   **팩스** 0504-330-6726   **이메일** story-js99@nate.com
블로그 blog.naver.com/story_js2020
인스타그램 https://www.instagram.com/the_story.space/
유튜브 https://www.youtube.com/channel/UCGc7DD4pxilIHPBU-b-kX5Q
이야기공간스토어 https://smartstore.naver.com/storyspace
          22698 인천광역시 서구 승학로 406, A동 503호

편집 강서윤, 홍지회 **디자인** 박영정
마케팅 김영란, 신경범, 우아한이제이, 육민애
경영지원 카운트북countbook@naver.com   **인쇄·제작** 미래피앤피yswiss@hanmail.net
배본사 런닝북runrunbook@naver.com   **전자책 제작** 롤링다이스everbooger@gmail.com

ISBN 979-11-93098-09-7 03180

이야기공간스토어
바로 가기

취미부터 취업·창업까지

사주 카운슬러

입문 편

박수연 지음

이야기공간 × 홍인문화원

나는 사람을 살리고 있습니다.

매일매일 살립니다.

일 년이면 수백 명은 살립니다.

상담가는 활인업(活人業)이기 때문입니다.

명리학을 무기로 쓰면 안 됩니다.

맹목의 칼을 휘두르며 겁주고,

미래에 대한 두려움을 심어주면 안 됩니다.

방향을 제시해주고 스스로 선택해서

인생을 주도적으로 살 수 있게

카운슬링 해줘야 합니다.

저자의 말

나는 상담으로 사람을 살린다

2007년부터 본격적으로 상담을 시작했습니다. 정말 답답하고 암담한 분이 많이 찾아오셨습니다. 사주는 좋고 나쁘고가 없습니다. 장점이 많은 사주와 장점이 적은 사주가 있을 뿐입니다. 꽃은 꽃대로 예쁘고, 나무는 나무대로 멋집니다. 사람도 마찬가지입니다. 김영철(가명)은 김영철대로 멋지고, 박영희(가명)는 박영희대로 예쁩니다. 각자의 생(生)을 각자의 근기로 살아내면 됩니다.

매우 다양한 사람들을 만나며 공통점을 알았습니다. 불만, 탐욕이 많은 사람은 답이 없다는 것입니다. 끊임없이 불만이고 계속해서 탐욕을 부리기 때문입니다. 반대로 힘들어도 묵묵히 열심히 살아낸 사람은 반드시 '고진감래(苦盡甘來)'입니다. 마치 태풍을 견디고 훌륭하게 열매를 맺는 가을의 과실나무와 같습니다.

운명학적으로 보면 고통의 무게는 누구나 같습니다. 그 시기가 초년이냐, 중년이냐, 말년이냐, 고통을 주는 주체가 사람이냐, 물질이냐, 환경이냐의 차이일 뿐입니다. 이 틀을 벗어난 인생을 단 한 번도 본 적이 없습니다. 운명이기 때문입니다. 지혜로운 사람은 이 이치를 빨리 알아차립니다. 대부분 환갑이 넘고 일흔이 되어서야 조금이나마 알아차리지 않을까 싶습니다.

고대 중국의 철학서 《맹자》에 보면 이런 글이 있습니다.

人皆有不忍人之心(인개유불인인지심)

맹자, 〈공손추 장구 제6장〉에서

'인간은 모두 생명을 해하지 못하는 마음(仁心)을 가지고 있다'라는 뜻입니다. 인간의 기본 본성에 대한 설명입니다. 성선설을 주장한 맹자다운 말입니다. 사람을 귀하게 여겨야 합니다. 생명이 있는 모든 것을 귀하게 여겨야 합니다.

상담실 문을 열고 들어올 때, 자신감 없었던 사람이 상담을 마치고 나갈 때 누구보다 이 세상에 용감하게 대처하고 자신을 소중하게 생각하며 인생을 살아가는 가치를 올바르게 인식하는 뒷모습을 보곤 합니다. 특히, 젊은이들이 그럴 때 더더욱 정업(正業)하기를 잘했다는 생각이 듭니다.

나는 사주 상담과 교육이 팔자이니 아마도 건강이 허락되는 한은 계속할 것 같습니다. 상담실을 통해 인연을 맺은 모든 분에게 항상 기도하는 마음으로 말합니다.

"괜찮지요? 잘 될 겁니다."

"건강한 마음과 생각을 가지고 열심히 살아내봅시다. 그러다가 정 힘드시면 가끔 와주세요. 따뜻한 차와 함께 몇 마디 나누다 보면 또 살아갈 이유가 생기니까요."

나는 사람을 살리고 있습니다. 매일매일 살립니다. 일 년이면 수백 명은 살립니다. 상담가는 활인업(活人業)이기 때문입니다. 명리학을 무기로 쓰면 안 됩니다. 맹목의 칼을 휘두르며 겁주고, 미래에 대한 두려움을 심어주면 안 됩니다. 방향을 제시해주고 스스로 선택해서 인생을 주도적으로 살 수 있게 카운슬링 해줘야 합니다.

근본적으로 나 자신의 팔자가 궁금해서 시작한 공부지만, 지금은 많은 사람을 살리고 구제하고 있다는 사명감으로 상담합니다. 명리학이 그렇게 만들어주었으니 천운을 준 학문입니다. 천운을 갈고닦아 사람을 이롭게 하는 데 쓰고 있으니 천만다행입니다.

입문자를 위한 사주 입문 이론서를 쓰다

작년에 박사과정을 끝내고 논문을 써야 할 때 '내가 하고 있는 일에 대한 책을 두 권 내는 걸로 논문을 대신해야겠다' 이렇게 결심했습니다. 오래전부터 계획했던 저서가 필요했으니 딱 맞는 핑곗거리가 생긴 셈이었지요. 이제야 하는 말이지만 10년도 훨씬 전부터 때가 되면 실전에 요긴하게 쓸 수 있는 사주와 타로 책을 써야겠다고 계획했습니다. 반드시 상담에 꼭 적용할 수 있는 내용으로 실제로 상담가들과 사주를 배우려는 학인들에게 유용하고 필요한 책을 내야겠다, 많은 명리학 이론을 직접 임상·상담해본 후 적중률이 높고 현대사회에 가장 적용이 잘 되는 이론을 정립한 후에 활용 가능한 책을 써야겠다는 다짐이었지요.

이 책은 사주 공부를 시작한 초보 입문자를 위해 썼습니다. 명리학개론이나 논문 같은 책이 아니라 사주통변을 하기 위한 가장 기초적인 단계의 이론서입니다. 이 책이 단초가 되어 앞으로 심화 편, 상담 편이 나오리라 생각합니다. 그래서 많은 분에게 도움 되는 책이 되길 바랍니다.

명리학개론이나 명리학의 다양한 개념과 역사를 원광디지털대학교 동양학과 박정윤 교수께 배웠습니다. 정식 출판되어 있지 않은 교재였지만 교수님의 성향처럼 매우 꼼꼼히 정리되어 있어서 잘 배울 수 있었습니다. 다음 책을 출간할 때 배운대로 자세히 내용을 수록할 생각입니다.

이 책은 기초이론이자 민간 자격증 취득을 위한 교재이다 보니 다소 가볍고 쉽게 편성했습니다. 내용이 너무 복잡하고 용어가 어려우면 배우고자 하는 수강생들은 바로 책을 덮어버리니까요. 깊이 있고 시간이 오래 걸리는 학문이지만, 이해하기 쉽게 구성한 입문자를 위한 교재입니다. 1. 태극>음양>오행부터 30. 채용하는 용신Ⅲ까지 공부할 내용이 적지 않습니다. 사주를 통변하는데 이 정도는 알아야 한다는 이론만 실었다는 점을 다시 한 번 밝힙니다.

동교동에서

수연(琇瑞)

차례

제3부

상담 사례로 답변한 Q&A 10

일러두기

• 이 책은 현장에서 사주 상담을 하기 위해 기본적으로 알아야 할 명리이론 입문서입니다.

• 통변은 심화 편에서 다루겠습니다.

• '용신론'은 적용하지 않았습니다. 심화 편에서 다루겠습니다.

• 필자는 상담할 때 12신살과 12운성을 채택하지 않지만, 배우는 학인들은 알고는 있어야 할 내용이라서 수록했습니다.

• 동국대 평생교육원 김동완 교수께 육친과 채용하는 격국을 배웠고, 원광디지털대 박정윤, 김인호 교수께 물상을 배웠습니다. 그러므로 그분들의 교재와 다소 중복된 내용이 있을 수 있으니 양해 바랍니다.

• 이론 공부를 마치신 후 홍인문화원 '에이스사주카운셀러 1급' 민간 자격증을 취득할 수 있습니다.

제1부

태극(太極) 〉 음양(陰陽) 〉 오행(五行)

태극(太極) = 무극(無極)

음양오행이 동양철학에서는 기본

1) 음양(陰陽)의 기본 특성

음(陰)

태음, 물, 쇠, 겨울, 춥다. 어둡다, 땅, 안,
여자, 좁은

양(陽)

태양, 불, 나무, 여름, 덥다, 밝다, 하늘,
밖, 남자, 넓은

2) 음양(陰陽)의 성격 특성

음(陰)

내성적, 소극적, 안정적, 수동적, 감각적,
체계적

양(陽)

외향적, 적극적, 모험적, 충동적, 능동적,
직관적, 자율적

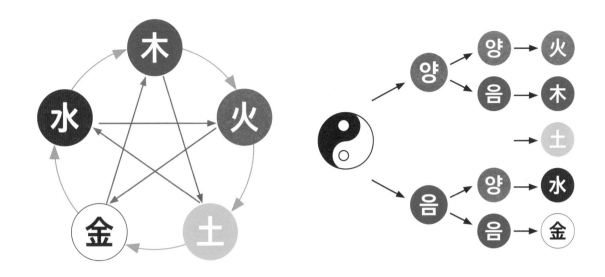

3) 오행(五行)

목(木) 어질 인(仁)

굵고 곧다. 뻗어 나간다. 의욕, 성장, 명예

화(火) 예절 예(禮)

타오르는 열정, 정열, 자신감, 예의, 표현

토(土) 믿을 신(信)

만물을 중재, 포용, 중용, 고집, 끈기

금(金) 옳을 의(義)

안으로 강하게 다지는 의지, 절제, 단단함, 원칙적

수(水) 슬기 지(智)

땅속으로 스며듦, 생각, 지혜, 본능

1. 오행 중 토(土)의 설명이다. 틀린 것은?

　① 땅　② 포용　③ 중용　④ 태양

2. 양의 기본 특성이 아닌 것은?

　① 불　② 밝다　③ 좁다　④ 남자

3. 음의 성격으로 맞는 것은?

　① 충동적　② 안정적　③ 자율적　④ 모험적

4. 양의 성격으로 맞는 것은?

　① 충동적　② 수동적　③ 체계적　④ 내성적

5. 오행 중 목(木)의 설명이다. 올바른 것은?

　① 포용　② 고집　③ 성장　④ 본능

6. 오행 중 금(金)의 설명이다. 틀린 것은?

　① 절제　② 원칙적　③ 단단함　④ 생각

오행의 상징 배정

	木	火	土	金	水
계절	봄	여름	환절기	가을	겨울
시간	아침	낮	사이	저녁	밤
방향	동	남	중앙	서	북
색상	청색	적색	황색	백색	흑색
숫자	3, 8	2, 7	5, 10	4, 9	1, 6
오음	가, 카	나, 라, 타, 다	아, 하	사, 자, 차	마, 바, 파
온도	따뜻함	뜨거움	변화함	서늘함	차가움

1) 오행의 성격

	木	火	土	金	水
기본 성격	착하고 어질다. 성장시킨다.	예의 바르고 적극적이다.	믿음직스럽고 끈기 있다.	의리가 있고 절제력이 있다.	총명하고 지혜로우며 겸손하다.
장점	명예 지향적이다.	의사 표현이 명확하다.	끈기가 있다.	비판 정신이 강하다.	타인에 대한 배려가 있다.
단점	자기 의견을 굽히지 않는다.	다혈질이다. 무례하다.	고집이 세다.	잔소리 심하다. 의심한다. 원칙적이다.	쓸데없는 생각이 많다.

2) 오행의 적성

	木	火	土	金	水
적성	1순위 문과 2순위 미술, 교육, 건축	1순위 예술, 연예, 방송 2순위 문과	1순위 소개, 중개, 운송, 무역, 관광 2순위 땅, 건축, 부동산	1순위 군인, 경찰, 의사, 간호사, 운동선수 2순위 이과	1순위 이과, 경제, 회계, 통계 2순위 음악, 연예인

3) 오행의 건강 배속

	木	火	土	金	水
오장	간	심장	비장	폐	신장
육부	담(쓸개)	소장	위	대장	방광
불균형	뼈의 질환, 수술	혈관, 눈, 비뇨기과	산부인과, 비뇨기과	우울증, 자폐증, 편집증	산부인과, 비뇨기과, 우울증, 불면증, 무력증, 두통

1. 오행의 상징 배정 중 토(土)의 설명이다. 틀린 것은?

   ① 환절기   ② 황색   ③ 중앙   ④ 2, 7

2. 오행의 상징 배정 중 수(水)의 설명이다. 틀린 것은?

   ① 차가움   ② 겨울   ③ 청색   ④ 북쪽

3. 오행의 성격 중 화(火)에 관한 설명이다. 맞는 것은?

   ① 타인에 대한 배려가 있다.   ② 고집이 세다.

   ③ 예의가 바르고 적극적이다.   ④ 명예지향적이다.

4. 오행의 적성 중 금(金)에 관한 설명이다. 틀린 것은?

   ① 군인, 경찰   ② 의사   ③ 운동선수   ④ 예술, 방송, 연예

5. 오행의 건강 배속 중 틀린 것은?

   ① 목(木)은 간   ② 금(金)은 폐   ③ 화(火)는 신장   ④ 토(土)는 위

오행의 상생과 상극

명리학은 오행의 생극제화(生剋制化)의 원리를 바탕으로 한다. '생은 낳는다, 도와준다. 극은 자극하고 억누른다. 제는 적정하게 통제한다. 화는 변화하고 되게 해주는 것'을 의미한다. 오행은 마치 살아 있는 생명체처럼 끊임없이 생하고 극을 받으며 억제하고 이루어지게 도와준다. 이 구조를 잘 이해하는 것이 통변하는 데 가장 기본적인 원리이며 매우 중요하다.

1) 오행의 상생

나무(木)는 불(火)을 생하고, 불(火)은 흙(土)을 생하고, 흙(土)은 쇠(金)를 생하고, 쇠(金)는 물(水)을 생하고, 물(水)은 나무(木)를 생한다.

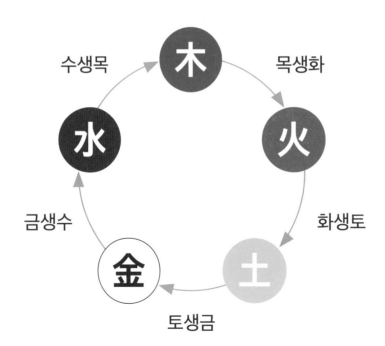

목생화 : 나무는 자신을 태워 불을 살린다. 불을 지핀다.

화생토 : 불이 다 타면 재가 되어 흙으로 돌아간다. 흙을 만들어준다.

토생금 : 흙 속에서 바위나 금속이 생산된다.

금생수 : 바위 속에서 물이 나온다.

수생목 : 물은 나무에 수분을 주어 자라게 한다. 생명수다.

2) 오행의 상극

나무(木)는 땅(土)을 극하고, 흙(土)은 물(水)을 극하고, 물(水)은 불(火)을 극하고, 불(火)은 쇠(金)를 극하고, 쇠(金)는 나무(木)를 극한다.

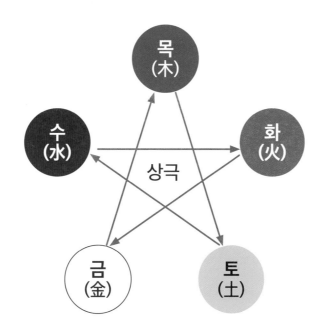

목극토 : 나무는 흙을 붙잡아 놓는다.　　　**화극금** : 불은 금을 녹여버린다.

토극수 : 흙은 물을 가둔다.　　　　　　　**금극목** : 금은 나무를 자른다.

수극화 : 물은 불을 꺼뜨린다.

3) 오행의 상생, 상극의 응용

목(木)

목을 생하는 오행 → 수(水)

목이 생하는 오행 → 화(火)

목이 극하는 오행 → 토(土)

목을 극하는 오행 → 금(金)

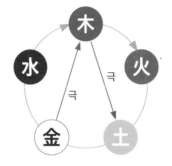

화(火)

화를 생하는 오행 → 목(木)

화가 생하는 오행 → 토(土)

화가 극하는 오행 → 금(金)

화를 극하는 오행 → 수(水)

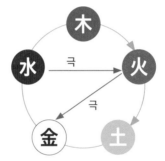

토(土)

토를 생하는 오행 → 화(火)

토가 생하는 오행 → 금(金)

토가 극하는 오행 → 수(水)

토를 극하는 오행 → 목(木)

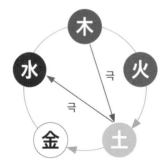

금(金)

금을 생하는 오행 → 토(土)

금이 생하는 오행 → 수(水)

금이 극하는 오행 → 목(木)

금을 극하는 오행 → 화(火)

수(水)

수를 생하는 오행 → 금(金)

수가 생하는 오행 → 목(木)

수를 극하는 오행 → 토(土)

수가 극하는 오행 → 화(火)

1. 오행의 상생에 대한 설명이다. 맞는 것은?

① 토(土)는 수(水)를 생한다.   ② 목(木)은 금(金)을 생한다.

③ 화(火)는 토(土)를 생한다.   ④ 금(金)은 화(火)를 생한다.

2. 오행의 상생에 대한 설명이다. 틀린 것은?

① 나무는 자신을 태워 불을 살린다.

② 바위 속에서 불이 나온다.

③ 흙 속에서 바위나 금속이 생산된다.

④ 물은 나무에 수분을 주어 자라게 한다. 생명수다.

3. 오행의 상극에 대한 설명이다. 틀린 것은?

① 목극토   ② 수극화   ③ 금극목   ④ 토극화

4. 상생 상극의 응용 중 토(土)의 설명이다. 맞는 것은?

① 토가 생하는 오행은 수(水)다.   ② 토를 생하는 오행은 화(火)다.

③ 토가 극하는 오행은 목(木)이다. ④ 토를 극하는 오행은 금(金)이다.

5. 상생 상극의 응용 중 금(金)의 설명이다. 틀린 것은?

① 금이 생하는 오행은 수(水)다.   ② 금이 극하는 오행은 목(木)이다.

③ 금을 극하는 오행은 토(土)다.   ④ 금을 생하는 오행은 토(土)다.

천간지지의 음양오행 배속

1) 천간의 음양오행 배속

천간	갑(甲)	을(乙)	병(丙)	정(丁)	무(戊)	기(己)	경(庚)	신(辛)	임(壬)	계(癸)
陰陽	陽	陰	陽	陰	陽	陰	陽	陰	陽	陰
五行	木	木	火	火	土	土	金	金	水	水

2) 지지의 음양오행 배속

지지	자(子)	축(丑)	인(寅)	묘(卯)	진(辰)	사(巳)	오(午)	미(未)	신(申)	유(酉)	술(戌)	해(亥)
陰陽	陽	陰	陽	陰	陽	陰	陽	陰	陽	陰	陽	陰
五行	水	土	木	木	土	火	火	土	金	金	土	水

3) 육십갑자

1甲子	2乙丑	3丙寅	4丁卯	5戊辰	6己巳	7庚午	8辛未	9壬申	10癸酉
11甲戌	12乙亥	13丙子	14丁丑	15戊寅	16己卯	17庚辰	18辛巳	19壬午	20癸未
21甲申	22乙酉	23丙戌	24丁亥	25戊子	26己丑	27庚寅	28辛卯	29壬辰	30癸巳
31甲午	32乙未	33丙申	34丁酉	35戊戌	36己亥	37庚子	38辛丑	39壬寅	40癸卯
41甲辰	42乙巳	43丙午	44丁未	45戊申	46己酉	47庚戌	48辛亥	49壬子	50癸丑
51甲寅	52乙卯	53丙辰	54丁巳	55戊午	56己未	57庚申	58辛酉	59壬戌	60癸亥

4) 공망

甲子순 - 戌亥공망

甲戌순 - 辛酉공망

甲申순 - 午未공망

甲午순 - 辰巳공망

甲辰순 - 寅卯공망

甲寅순 - 子丑공망

1. 천간의 음양오행 배속이다. 틀린 것은?

① 갑(甲)은 양의 木이다.　② 기(己)는 양의 土다.

③ 신(辛)은 음의 金이다.　④ 임(壬)은 양의 水다.

2. 천간의 음양오행 배속이다. 맞는 것은?

① 을(乙)은 음의 土다.　② 병(丙)은 양의 金이다.

③ 정(丁)은 음의 火다.　④ 계(癸)는 양의 木이다.

3. 천간의 음양오행 배속의 짝이 틀리게 연결된 것은?

① 무(戊)-양의 土　② 경(庚)-양의 金

③ 을(乙)-음의 木　④ 병(丙)-음의 金

4. 지지의 음양오행 배속이다. 배속의 짝이 맞게 연결된 것은?

① 오(午)-양의 土　② 술(戌)-양의 木

③ 인(寅)-양의 木　④ 해(亥)-양의 金

5. 지지의 음양오행 배속이다. 틀린 것은?

① 묘(卯)-음의 木　② 사(巳)-음의 火

③ 신(申)-양의 金　④ 축(丑)-양의 土

천간의 종류와 성격

천간	갑(甲)	을(乙)	병(丙)	정(丁)	무(戊)	기(己)	경(庚)	신(辛)	임(壬)	계(癸)
陰陽	陽	陰	陽	陰	陽	陰	陽	陰	陽	陰
五行	木	木	火	火	土	土	金	金	水	水

1) 甲木

크고 곧은 나무를 상징한다. 뻗어 나가고 싶어하고, 명예지향적이며 인자하다. 갑목은 뾰족한 글자로 오미신신(午未辛申)과 더불어 현침살이라고 한다. 뾰족한 것으로 손재주를 부리는 직업이 좋다. 甲甲이 나란히 붙어 있는 것을 甲甲병존(竝存)이라고 한다. 부모 대나 본인 대에 한 번은 큰 어려움을 겪거나 고향을 일찍 떠나고 부모와 생사이별을 한다. 사람을 좋아하고 오지랖이 넓다.

2) 乙木

작은 나무, 화초, 덩굴식물을 상징한다. 새乙로 보기도 해서 자유로움을 나타내기도 한다. 부드럽고 인자하며 자신을 낮추고 굽힐 줄 안다. 갑목보다는 조금 더 여성스러움이 있다. 乙乙병존인 경우에는 인덕이 부족하고 주변에 사람이 있어도 외로움을 느낀다. 乙乙乙이 세 개 있으면 복덕수기라 한다. 인덕이 있고 명예를 얻으며 관직으로 진출하면 좋다.

3) 丙火

태양, 용광로, 큰불을 상징한다. 밝고 명랑하며 적극적이고 활동적이다. 표현력이 좋고 예의가 바르다. 丙丙병존이면 활동 범위가 도 지역인 역마로 활동적으로 움직임이 많은 직업이 좋다. 병화일간인 사람이나 사주 내에 병화가 많은 사람은 얼굴이 둥글고 미남미녀가 많다.

4) 丁火

등불이나 촛불, 달, 별을 상징한다. 은근한 끈기와 인내심이 있고 병화에 비해 차분하고 조용한 편이다. 丁丁병존이면 인덕이 부족하고 주변에 사람이 있어도 외로움을 느낀다. 정화일간인 사람이나 사주 내에 정화가 많은 사람은 얼굴이 갸름하고 미남미녀가 많다.

5) 戊土

대지, 들판, 산 등 넓은 땅을 상징한다. 은근한 고집이 있고 자기중심적인 면이 있다. 戊戊병존이면 활동적이고 해외를 왕래하는 직업이 좋으며 반드시 왕래한다. 무토일간인 사람은 대개 넓은 정원, 넓은 거실을 좋아하고 좁은 공간이나 복잡한 액세서리는 싫어한다.

6) 己土

정원, 화분 등 작은 땅을 상징한다. 소극적이고 안정적이며, 환경 적응력이 빠르고 자리를 잘 지킨다. 己己병존이면 집 근처 역마로 시 지역에서 활동하거나 정적인 직업이 어울린다. 기토일간인 사람은 대개 분재나 작은 정원, 작은 액세서리 등을 좋아한다. 집을 좋아하는 집 순이다.

7) 庚金

바위산, 기차, 비행기 등 큰 쇳덩이나 바위를 상징한다. 적극적이고 의지가 강하며 자신을 잘 드러낸다. 현실적이고 계획적이며 원칙적이다. 몸 쓰는 것도 좋아한다. 기술자다. 庚庚병존이면 매우 넓은 역마로 활동 범위가 전국적이다.

8) 辛金

보석, 칼과 같은 작은 금속, 자갈 등을 상징한다. 예민하고 섬세하며 자기주장이 강하다. 굉장히 보수적이며 계획적이다. 辛辛병존이면 반드시 어려운 일을 겪는다. 갑오미신(甲午未申)과 함께 현침살이라고 부르고 뾰족한 기구를 손에 들고 하는 직업이 좋다.

9) 壬水

강물, 바닷물과 같은 큰물을 상징한다. 부드럽고 자기를 보여주고 싶어하며 총명하다. 壬壬병존이면 도화이고 인기를 얻는 연예, 예술, 방송, 문화 관련 직업이 좋다. 경금과 임수가 나란히 붙어 있으면 금수쌍청이라고 하는데 총명하고 동양철학이나 종교학에 관심이 많다.

10) 癸水

이슬, 안개, 샘물 등과 같은 작은 물을 상징한다. 온화하고 섬세하며, 다정하고 여린 심성이다. 궁금증이 매우 많아서 정보 모으는 것을 좋아한다. 癸癸병존이면 도화로 인기를 얻는 연예, 예술, 문화, 방송 관련 직업이 좋다. 신금과 계수가 함께 있으면 금수쌍청이라고 해서 매우 총명하고 동양학이나 종교학에 관심이 많다.

1. 병화(丙火)의 설명이다. 틀린 것은?

① 태양, 용광로, 큰불을 의미한다.　② 도 지역의 역마로 활동적이다.

③ 얼굴이 동글고 미남미녀가 많다.　④ 현침살이라고 부른다.

2. 무토(戊土)의 설명이다. 맞는 것은?

① 뻗어 나가고 싶어 하고 명예지향적이다.　② 넓은 대지, 들판이다.

③ 자유로움을 나타낸다.　④ 주위에 사람이 있어도 외로움을 느낀다.

3. 신금(辛金)의 설명이다. 틀린 것은?

① 예민하고 섬세하며 자기주장이 강하다.　② 바위산, 기차, 비행기이다.

③ 굉장히 보수적이고 계획적이다.　④ 甲午未申과 함께 현침살이다.

4. 임수(壬水)의 설명이다. 틀린 것은?

① 부드럽고 인자하며 총명하다.　② 경금과 있으면 금수쌍청이다.

③ 바닷물, 강물, 큰물을 상징한다.　④ 몸 쓰는 일을 좋아한다.

5. 갑목(甲木)의 설명이다. 맞는 것은?

① 명예지향적이고 인자하다.　② 많이 여성스럽다.

③ 정적인 직업이 어울린다.　④ 갑이 세 개 있으면 복덕수기이다.

6

지지의 종류와 성격

지지	자 (子)	축 (丑)	인 (寅)	묘 (卯)	진 (辰)	사 (巳)	오 (午)	미 (未)	신 (申)	유 (酉)	술 (戌)	해 (亥)
陰陽	陽	陰	陽	陰	陽	陰	陽	陰	陽	陰	陽	陰
五行	水	土	木	木	土	火	火	土	金	金	土	水

1) 子水

동물로는 쥐이고, 맑고 차가운 물을 상징한다. 천간의 계수와 같다.

子月은 절기상 대설(大雪)부터 소한(小寒)까지다.

子子병존은 자신의 인기를 기반으로 하는 직업이다. 사람의 생명을 다루는 직업(活人)이 좋다.

2) 丑土

동물로는 소이고, 좁은 땅, 정원의 흙, 화분의 흙을 상징한다. 월지에 있을 때는 水로 본다.

丑月은 절기상 소한(小寒)부터 입춘(立春) 전까지다.

丑丑병존은 지배받기 싫어하고 성격이 꼼꼼하며 차분하므로 회계나 기획 분야에 어울린다.

3) 寅木

동물로는 호랑이이고, 큰 나무, 고목, 사목을 상징한다.

寅月은 절기상 입춘(立春)부터 경칩(驚蟄) 전까지다.

寅寅병존은 명예를 중시하는 성격으로 활동적이고 적극적인 일을 해야 한다.

4) 卯木

동물로는 토끼이고, 작은 나무, 화초, 풀을 상징한다.

卯月은 절기상 경칩(驚蟄)부터 청명(淸明) 전까지다.

목 기운이 한가운데 있으므로 목 기운이 가장 강하다.

卯卯병존은 사람의 생명을 지키는 직업이나 예술 계통에서 능력을 발휘한다.

이 분야에서 일하지 않는 경우에는 뼈와 관련된 사건 사고가 생길 가능성이 높다.

5) 辰土

동물로는 용이고, 넓은 땅, 들판, 밭, 논 등의 습기가 있는 흙을 상징한다.

절기로는 청명(淸明)부터 입하(立夏) 전까지다.

辰辰병존이면 사람의 생명을 다루는 직업을 선택하면 좋다.

6) 巳火

동물로는 뱀이고, 큰불, 태양, 용광로 등을 상징한다.

절기로는 입하(立夏)부터 망종(芒種) 전까지다.

巳巳병존이면 활동적인 직업이 어울린다. 역마다.

7) 午火

동물로는 말이고, 작은 불, 촛불, 전등, 형광등 등을 상징한다.

절기상 망종(芒種)부터 소서(小暑) 전까지다.

午午병존이면 자신의 인기를 기반으로 하는 직업이 좋고, 이와 관련된 사건 사고에 휘말린다.

8) 未土

동물로는 양이고, 작은 흙, 정원의 흙, 화분의 흙을 상징한다.

未月은 火로 본다. 절기상 소서(小暑)부터 입추(立秋) 전까지다.

未未병존이면 어려운 일이나 힘든 일을 겪는데, 사람의 생명을 다루는 직업을 선택하면 힘든 일이 많이 적어진다.

9) 申金

동물로는 원숭이이고, 큰 쇳덩이, 바위, 기차, 버스, 비행기를 상징한다.

절기상 입추(立秋)부터 백로(白露) 전까지다.

申申병존이면 활동적이며 움직임이 크기 때문에 신체 중에서 하체의 사고를 조심해야 한다.

10) 酉金

동물로는 닭이고, 작은 금속, 보석, 바늘, 주사기를 상징한다.

절기상 백로(白露)부터 한로(寒露) 전까지다.

酉酉병존이면 사람의 생명을 다루는 직업이나 인기를 얻는 직업이 좋다.

11) 戌土

동물로는 개이고, 넓은 땅, 사막, 벌판 등 마른땅을 상징한다.

절기상 한로(寒露)부터 입동(立冬) 전까지다.

戌戌병존이면 해외 역마를 상징하고 활동적이고 적극적인 성격이다.

12) 亥水

동물로는 돼지이고, 큰물, 바닷물, 강물을 상징한다.

절기상 입동(立冬)부터 대설(大雪) 전까지다.

亥亥병존이면 사람의 생명을 다루는 직업이나 활동적인 직업이 좋다.

1. 지지(地支) 진(辰)토에 대한 설명이다. 틀린 것은?

① 동물로는 용이다.　　　　　　② 진월은 절기상으로는 청명부터이다.

③ 넓은 땅, 들판, 밭이다.　　　　④ 회계나 기획 분야가 좋다.

2. 지지 신(申)금에 대한 설명이다. 바른 것은?

① 동물로는 닭이다.　　　　　　② 신월은 절기상 입추부터이다.

③ 사람의 생명을 살리는 직업이 좋다.　④ 신신병존이면 좋다.

3. 지지 해(亥)수에 대한 설명이다. 틀린 것은?

① 동물로는 돼지이다.　　　　　② 해월은 절기상 입동부터다.

③ 사람의 생명을 살리는 직업이 좋다.　④ 예술계통 직업이 좋다.

4. 지지 자(子)의 설명이다. 바른 것은?

① 천간의 신(辛)금과 같다.　　　② 자월은 절기상 대설부터다.

③ 동물로는 양이다.　　　　　　④ 자자병존은 운동선수가 좋다.

5. 지지 오(午)의 설명이다. 틀린 것은?

① 동물로는 말이다.　　　　　　② 오월은 절기상 망종부터다.

③ 작은 불, 촛불, 전등과 같다.　　④ 월지에 있으면 토로 본다.

7

물상(物像)의 기초

1) 오행의 물상

① 木

위로 성장하는 것, 나무, 목재, 섬유, 교육, 인재, 사람, 건축물, 동양적인 것.

② 火

불, 밝히는 것, 확산하는 것, 예술 세계, 아름다운 것, 보이는 것, 정신세계, 종교.

③ 土

흙, 부동산(땅), 터전, 조상, 오래된 것, 고향, 토속적인 것, 전통, 길러내는 것, 중국.

④ 金

거두어들이는 것, 감추는 것, 마무리, 금속성, 권위, 권력, 깎고 다듬는 것, 서양.

⑤ 水

물, 흐르는 것, 움직이는 것, 스며드는 것, 해외.

2) 오행의 생(生)

① **목생화** : 나무가 꽃을 피운다.

② **화생토** : 햇빛을 강하게 받는 땅은 단단하다. 잘 무너지거나 깨지지 않는다.

③ **토생금** : 땅속에서 광물이 생산된다.

④ **금생수** : 금은 물을 깨끗하게 만든다. 돌 틈에서 물이 나온다.

⑤ **수생목** : 물은 나무를 자라게 한다.

3) 오행의 극(剋)

① **목극토** : 나무는 땅을 붙잡고 뿌리를 내려야 한다.

② **토극수** : 흙은 물의 제방 역할을 한다. 물을 가둔다.

③ **수극화** : 물은 빛을 반사시킨다.

④ **화극금** : 광석은 불로 녹여야 불순물이 제거된다.

⑤ **금극목** : 나무는 연장으로 다듬어야 사용할 수 있다.

1. 물상(物像)으로 목(木)을 말한다. 틀린 것은?

　① 교육, 건축이다.　　　② 인재, 대학 교육이다.

　③ 동양적인 것이다.　　　④ 조상, 오래된 것이다.

2. 물상(物像)에서 화(火)을 말한다. 맞는 것은?

　① 거두어 들이는 것이다.　② 권위, 권력을 의미한다.

　③ 서양이다.　　　　　　④ 아름다운 것, 보이는 것이다.

3. 물상(物像)에서 수(水)를 말한다. 맞는 것은?

　① 터전, 조상이다.　　　② 전통, 길러내는 것이다.

　③ 중국이다.　　　　　　④ 흐르는 것, 움직이는 것, 스며드는 것이다.

4. 물상(物像)에서 금(金)을 말한다. 틀린 것은?

　① 감추는 것, 마무리다.　② 깎고 다듬는 것이다.

　③ 권위, 권력이다.　　　④ 위로 성장하는 것이다.

5. 물상(物像)에서 토(土)를 말한다. 맞는 것은?

　① 정신세계다.　　　　　② 부동산, 터전을 말한다.

　③ 교육, 인재, 건축물이다.④ 아름다운 것, 확산하는 것이다.

8

천간의 물상

1) 甲木

거목, 우두머리, 대장, 큰아들, 대학 교육, 고층 건물(8층 이상)

뿌리를 내릴 땅이 필요하다. 적당한 물과 햇빛도 필요하다. 땅속에는 적당한 자갈이 있어야 큰 나무가 뿌리로 자갈을 휘감아 쓰러지지 않는다.

2) 乙木

일년생 나무, 꽃나무, 화초, 차남, 작은 교육, 저층 건물.

꽃나무다. 정원의 꽃나무와 같으므로 가정과 인연이 깊다. 정원과 같은 땅이 필요하다. 적당한 물과 햇빛이 있어야 하고, 정원의 꽃나무는 전지가위로 다듬어주면 더욱 아름다워진다.

3) 丙火

태양(현실 세계), 우두머리, 국가 권력, 최고, 국가, 주인공, 일본.

태양이다. 현실 세계를 의미한다. 태양은 유일무이한 존재이므로 최고의 리더를 의미한다. 낮 시간에 빛난다. 丙丙, 丙丁에는 목이 필요하다.

4) 丁火

달, 별(이상 세계), 정신적인 지도자, 숨은 지도자, 재야인사, 가로등, 불꽃.

별, 달, 가로등과 같다. 이상 세계를 의미한다. 어둠 속에서 빛을 밝혀 사람을 인도하는 역할을 하므로 보이지 않는 지도자나 정신적인 지도자를 의미한다. 밤 시간에 빛난다. 丁丁, 丁丙에는 목이 필요하다.

5) 戊土

넓은 땅, 평원, 운동장.

무토는 밭과 같다. 밭에는 나무가 심어져 있어야 한다. 적당한 물과 햇빛이 필요하다. 곡식이 다 익은 후에는 식물을 벨 수 있는 도구가 필요하다.

6) 己土

작은 땅, 문전옥답, 채전, 정원, 뜰(개인적인 것).

기토는 정원과 같다. 집안, 가정의 꽃나무가 심어져 있어야 한다. 적당한 물과 햇빛이 필요하다. 정원의 꽃나무는 전지가위로 다듬어주면 더욱 아름다워진다.

7) 庚金

큰 칼, 완금, 금강석, 큰 보석, 반사경.

경금은 큰 칼과 같다. 큰 칼은 지휘용이므로 리더 같은 면을 지니고 있다. 큰 자루가 있어야 한다. 불은 필요 없다. 불이 있을 경우 이를 제거하는 물이 필요하다. 흙은 일단 필요 없다.

8) 辛金

작은 칼, 문구용 칼, 찌르는 것, 보석, 바늘.

작은 칼과 같다. 작은 자루가 있어야 한다. 불은 필요 없다. 불이 있을 경우에는 불을 제거하는 물이 필요하다. 흙은 일단 필요 없다.

9) 壬水

바다, 강물, 저수지, 호수.

큰 강물이나 호수와 같다. 제방이 있어야 흘러간다. 주위에 나무가 적당히 있어야 한다. 너무 습하면 안 되므로 햇빛이 필요하다. 물이 유입되는 근원지가 있을 경우 마르지 않는다.

10) 癸水

샘물, 개울물, 비, 이슬, 서리, 눈.

시냇물이나 샘물과 같다. 제방이 있어야 제대로 흘러갈 수 있다. 단, 샘물일 경우에는 제방이 흙으로 되어 있기보다 돌로 되어 있어야 한다. 주변에는 적당한 나무가 있어야 한다. 너무 습하면 안 되므로 햇빛 또한 필요하다. 물이 유입되는 근원지가 있으면 마르지 않는다.

1. 천간의 물상(物像) 설명 중 틀린 것은?

① 갑(甲)목은 큰아들이다.　② 병(丙)화는 국가 권력이다.

③ 기(己)토는 문전옥답이다.　④ 을(乙)목은 고층 건물이다.

2. 천간의 물상(物像) 중 정(丁)화의 설명이다. 맞는 것은?

① 정(丁)화는 정신적인 지도자, 재야인사이다.　② 꽃나무다.

③ 보석, 바늘이다.　④ 작은 자루가 있어야 한다.

3. 천간의 물상(物像) 설명 중 맞는 것은?

① 경(庚)금은 큰 칼과 같다.　② 계(癸)수는 바다다.

③ 을(乙)목 땅, 평원이다.　④ 갑(甲)목은 물만 있으면 된다.

4. 천간의 물상(物像) 임(壬)수의 설명이다. 틀린 것은?

① 바다, 호수다.　② 제방이 있어야 흘러갈 수 있다.

③ 너무 습하면 햇빛이 필요하다.　④ 근원지는 없어도 된다.

5. 천간의 물상(物像) 중 무(戊)토의 설명이다. 맞는 것은?

① 무(戊)토는 밭과 같다.　② 나무는 없어도 된다.

③ 적당한 물은 필요없다.　④ 이상세계를 의미한다.

9

24절기(二十四節氣)

* 윤달에 의해서 하루 이틀 차이가 날 수 있다.

사주명리학은 계절, 즉 절기를 중요시한다. 그래서 절기학이라고도 한다.

1) 봄 (春)

입춘(立春) 2월 4일 - 봄의 시작, 사주명리학에서는 한 해의 시작이다.

우수(雨水) 2월 18일 - 봄비가 내리고 싹이 튼다.

경칩(驚蟄) 3월 5일 - 개구리가 겨울잠에서 깬다.

춘분(春分) 3월 20일 - 낮이 길어지기 시작한다.

청명(晴明) 4월 4일 - 맑고 밝은 봄날이 시작된다. 봄 농사를 준비한다.

곡우(穀雨) 4월 20일 - 농사 비가 내린다.

2) 여름 (夏)

입하(立夏) 5월 5일 - 여름이 시작된다.

소만(小滿) 5월 20일 - 조금씩 여름의 기운이 더해간다.

망종(亡種) 6월 5일 - 씨뿌리기를 한다.

하지(夏至) 6월 21일 - 여름의 절정, 낮이 연중 가장 긴 날이다.

소서(小暑) 7월 6일 - 여름 더위가 시작된다.

대서(大暑) 7월 22일 - 더위가 가장 심한 시기다.

3) 가을 (秋)

입추(立秋) 8월 7일 - 가을이 시작된다.

처서(處暑) 8월 23일 – 더위가 가고 일교차가 커진다.

백로(白露) 9월 7일 - 이슬이 내리기 시작한다.

추분(秋分) 9월 22일 – 가을의 중간, 밤과 낮의 길이가 같아진다.

한로(寒露) 10월 8일 - 찬 이슬이 내리기 시작한다.

상강(霜降) 10월 23일 – 서리가 내리기 시작한다.

4) 겨울(冬)

입동(立冬) 11월 7일 - 겨울이 시작된다.

소설(小雪) 11월 22일 – 눈이 내리기 시작한다.

대설(大雪) 12월 7일 - 겨울 큰 눈이 온다.

동지(冬至) 12월 21일 – 겨울의 절정. 밤이 가장 긴 날이다.

소한(小寒) 1월 5일 - 조금 춥다. 겨울 추위가 시작된다.

대한(大寒) 1월 20일 – 겨울 큰 추위가 온다.

1. 24절기(二十四節氣)에 대한 설명이다. 맞는 것은?

① 1년의 시작이 음력 1월 1월이다.　② 사주명리학에서는 절기를 중요시한다.

③ 봄의 시작이 3월이다.　　　　　④ 여름의 시작이 6월이다.

2. 절기(節氣)에 대한 설명이다. 틀린 것은?

① 입춘(立春)은 한 해의 시작이다.　② 여름의 시작이 입하(立夏)다.

③ 입추(立秋)는 9월부터다.　　　　④ 입동(立冬)은 11월 7일이다.

3. 봄의 절기(節氣)에 대한 설명이다. 맞는 것은?

① 봄의 시작은 입춘(立春)이다.　② 처서(處暑)도 봄의 절기다.

③ 청명(晴明)은 5월 4일이다.　　④ 춘분(春分)은 4월 20일이다.

4. 24절기(二十四節氣)에 대한 설명이다. 틀린 것은?

① 동지(冬至)는 밤의 길이가 가장 길다.

② 하지(夏至)는 낮의 길이가 가장 길다.

③ 입추(立秋)는 가을의 시작이다.

④ 소한(小寒)은 여름의 절기이다.

5. 24절기(二十四節氣)에 대한 설명이다. 맞는 것은?

① 입동(立冬)은 1월 4일부터다.　② 입하(立夏)는 7월 1일부터다.

③ 동지(冬至)는 가을의 절정이다.　④ 한로(寒露)는 가을의 절기다.

10

사주팔자 세우기

1) 사주(四柱) 팔자(八子) 천간과 지지의 명칭

시천간(時天干)	일천간(日天干)	월천간(月天干)	년천간(年天干)
시지지(時地支)	일지지(日地支)	월지지(月地支)	년지지(年地支)

- 년의 기준점은 입춘(立春)이 된다.

- 월의 기준점은 절기가 된다.

- 일의 기준점은 밤 11시 30분, 자시가 하루의 시작이 된다.

- 정자시법을 채택한다.

2) 서머타임(summer time)

영국에서 처음 시작했고, 표준시보다 한 시간 앞당기는 것이다.

예) 한국 시간으로 9시면, 원래 시간으로는 10시다. 그래서 辰時가 아니라 巳時가 된다.

3) 야자시와 조자시

① **정자시법** : 밤 11시 30분이 지나면 하루의 시작으로 본다.

　　예) 2022년 1월 1일 밤11시 45분 태생은 사주상 1월 2일로 생일이 달라진다.

② **야자시법** : 자정이 지나지 않는 시간을 그날로 본다.

　　예) 2022년 1월 1일 밤 11시 45분 태생은 사주상 1월 1일을 생일로 본다.

③ **조자시법:** 자정이 지나면 다음 날로 본다.

　　예) 2022년 1월 2일 00시 10분 태생은 사주상 1월 2일을 생일로 본다.

4) 대운

① **순행대운** : 양남음녀(년천간이 기준) - 월주 다음 순서대로

② **역행대운** : 음남양녀(년천간이 기준) - 월주 다음 역행 순서대로

☞ 월주간지 다음부터 적는다.

① 남자 2002년 2월 5일 오전 5시 (양력)

시 (時)	일 (日)	월 (月)	년 (年)	
				천간 (天干)
				지지 (地支)

오행 (五行)	木	火	土	金	水
육친 (六親)					
신살 (神殺)					

										대 운 (大運)

									세 운 (歲運)

② 여자 2000년 2월 4일 저녁 10시 (양력)

시 (時)	일 (日)	월 (月)	년 (年)	
				천간 (天干)
				지지 (地支)

오행 (五行)	木	火	土	金	水
육친 (六親)					

신살 (神殺)	

										대 운 (大運)

										세 운 (歲運)

③ 여자 1988년 5월 4일 오후 3시 (양력)

시 (時)	일 (日)	월 (月)	년 (年)	
				천간 (天干)
				지지 (地支)

오행 (五行)	木	火	土	金	水
육친 (六親)					

신살 (神殺)	

								대 운 (大運)

									세 운 (歲運)

④ 남자 1967년 11월 18일 자정 0시 20분(양력)

시 (時)	일 (日)	월 (月)	년 (年)			木	火	土	金	水
				천간 (天干)	오행 (五行)					
					육친 (六親)					
				지지 (地支)	신살 (神殺)					

										대 운 (大運)

										세 운 (歲運)

1. 다음 설명 중 틀린 것은?

① 한 해의 시작은 입춘(立春)이다.

② 월의 시작은 절기의 시작일이다.

③ 하루의 시작은 자시(밤 11시 30분)가 된다.

④ 서머타임(summer time)은 표준시보다 한 시간 더 늦추는 것이다.

2. 남자 (양력) 2004년 11월 5일 오전 10시의 사주를 세우시오.

시 (時)	일 (日)	월 (月)	년 (年)	
				천간 (天干)
				지지 (地支)

오행 (五行)	木	火	土	金	水
육친 (六親)					

신살 (神殺)	

								대 운 (大運)

								세 운 (歲運)

3. 여자 (음력) 1969년 1월 2일 자정 0시의 사주를 세우시오.

시 (時)	일 (日)	월 (月)	년 (年)		오행 (五行)	木	火	土	金	水
				천간 (天干)	육친 (六親)					
				지지 (地支)	신살 (神殺)					

									대 운 (大運)

									세 운 (歲運)

4. 남자 (음력) 1980년 2월 1일 오후 12시의 사주를 세우시오.

시 (時)	일 (日)	월 (月)	년 (年)	
				천간 (天干)
				지지 (地支)

오행 (五行)	木	火	土	金	水
육친 (六親)					

신살 (神殺)	

								대 운 (大運)

								세 운 (歲運)

5. 여자 (양력) 1975년 7월 17일 오전 4시의 사주를 세우시오.

시 (時)	일 (日)	월 (月)	년 (年)	
				천간 (天干)
				지지 (地支)

오행 (五行)	木	火	土	金	水
육친 (六親)					

신살 (神殺)	

									대 운 (大運)

									세 운 (歲運)

6. 여자 (양력) 1985년 9월 20일 오후 3시의 사주를 세우시오.

시 (時)	일 (日)	월 (月)	년 (年)	
				천간 (天干)
				지지 (地支)

오행 (五行)	木	火	土	金	水
육친 (六親)					

신살 (神殺)	

								대 운 (大運)

									세 운 (歲運)

제2부

11

충(沖)과 합(合), 그리고 삼재(三災)

1) 충(沖)

서로 부딪치는 것을 의미한다. 충살이라고도 하고 불리할 수도 있지만, 변화 변동을 의미하기도 하다. 천간은 천간끼리 충하고, 지지는 지지끼리 충한다. 양간은 양간끼리 충하고, 음간은 음간끼리 충한다.

① 천간충(天干沖)

甲庚沖(갑목과 경금의 충) -금극목

甲戊沖(갑목과 무토의 충) -목극토

乙辛沖(을목과 신금의 충) -금극목

乙己沖(을목과 기토의 충) -목극토

丙壬沖(병화와 임수의 충) -수극화

丙庚沖(병화와 경금의 충) -화극금

丁癸沖(정화와 계수의 충) -수극화

丁辛沖(정화와 신금의 충) -화극금

戊壬沖(무토와 임수의 충) -토극수

己癸沖(기토와 계수의 충) -토극수

② 지지충(地支沖)

자신과 일곱째의 지지와 충해서 칠충이라고도 한다.

子午沖

丑未沖

寅申沖

卯酉沖

辰戌沖

巳亥沖

2) 합(合)

합한다. 하나가 된다는 뜻이다. 천간은 천간끼리 합하고, 지지는 지지끼리 합한다.

① 천간합(天干合)

甲己合 土

乙庚合 金

丙辛合 水

丁壬合 木

戊癸合 火

② 지지합(地支合)

六合이라고 한다.

子丑合 土

寅亥合 木

辰酉合 金

巳申合 水

午未合 火

卯戌合 火

③ 지지삼합(地支三合)

寅午戌合 火

申子辰合 水

巳酉丑合 金

亥卯未合 木

④ 지지방합(地支方合)

寅卯辰合 木

巳午未合 火

申酉戌合 金

亥子丑合 水

3) 삼재(三災)

천(天), 지(地), 인(人)의 세가지 재앙을 뜻한다. 처음 들어오는 해를 들삼재, 중간에 해를 묵은삼재, 마지막 해를 날삼재의 해라고 한다.

해묘미년생	사오미해에 삼재
인오술년생	신유술해에 삼재
사유축년생	해자축해에 삼재
신자진년생	인묘진해에 삼재
인신사해년생은 들삼재, 묵은삼재, 날삼재 3년을 다 거친다.	
자오묘유년생은 묵은삼재, 날삼재 2년만 거친다.	
진술축미년생은 날삼재 1년만 거친다.	

4) 쟁합, 투합, 충합, 쟁충

① 천간쟁합은 예를 들어 갑기합이 두 개, 세 개인 경우

甲	甲	甲	己
寅	寅	寅	未

② 지지쟁합은 예를 들어 자축토가 두 개, 세 개인 경우

寅	己	癸	甲
子	丑	丑	寅

③ 천간투합은 예를 들어 을경합이 두 개인 경우

乙	庚	乙	庚
酉	寅	未	午

④ 지지투합은 예를 들어 자축이 두 개인 경우

辛	甲	乙	戊
丑	子	丑	子

⑤ 천간충합은 예를 들어 을경금, 을신충이 되는 경우

乙	庚	辛	乙
未	午	酉	亥

⑥ 지지충합은 예를 들어 인오화, 인신충이 되는 경우

壬	甲	丙	戊
申	寅	午	寅

⑦ 천간쟁충은 예를 들어 갑경충, 병경충, 병경충이 되는 경우

甲	庚	丙	丙
午	寅	子	子

⑧ 지지쟁충은 예를 들어 자오충, 자오충이 되는 경우

壬	甲	庚	壬
子	午	午	子

1. 충(沖)에 대한 설명이다. 틀린 것은?

① 충살(沖殺)이라고도 부른다. ② 천간은 천간끼리 충한다.

③ 양간과 음간이 충한다. ④ 변화 변동을 의미한다.

2. 천간충(天干沖)에 대한 것이다. 맞는 것은?

① 갑목(木)과 경금(金)의 충(沖) ② 병화(火)와 계수(水)의 충(沖)

③ 무토(土)와 을목(木)의 충(沖) ④ 임수(水)와 정화(火)의 충(沖)

3. 지지충(地支沖)에 대한 것이다. 틀린 것은?

① 자오(子午) 충(沖) ② 인신(寅申) 충(沖)

③ 묘미(卯未) 충(沖) ④ 진술(辰戌) 충(沖)

4. 합(合)에 대한 설명이다. 맞는 것은?

① 천간은 천간끼리 합한다. ② 지지합은 육합, 삼합만 있다.

③ 삼재는 삼합과 육합의 관계이다. ④ 지지삼합은 약한 합이다.

5. 지지삼합이다. 틀리게 짝지어진 것은?

① 인오술(寅午戌) 합(合)은 화(火)국이다.

② 신유술(申酉戌) 합(合)은 금(金)국이다.

③ 해묘미(亥卯未) 합(合)은 목(木)국이다.

④ 신자진(申子辰) 합(合)은 수(水)국이다.

12

오행의 통관

상극 관계의 오행을 상생 관계로 연결해주는 것을 통관이라고 한다.

목극토	통관오행은 火	목생화 ~ 화생토
화극금	통관오행은 土	**화생토 ~ 토생금**
토극수	통관오행은 金	토생금 ~ 금생수
금극목	통관오행은 水	**금생수 ~ 수생목**
수극화	통관오행은 木	수생목 ~ 목생화

1. 통관에 대한 설명이다. 맞는 것은?

① 상극 관계의 오행을 연결해주는 것을 통관이라고 한다.

② 화극금의 통관오행은 수(水)다.

③ 목극토의 통관오행은 금(金)이다.

④ 토극수의 통관오행은 화(火)다.

2. 다음 설명 중 틀린 것은?

① 금극목의 통관오행은 수(水)다.

② 화극금의 통관오행은 토(土)다.

③ 토극수의 통관오행은 금(金)이다.

④ 수극화의 통관오행은 토(土)다.

신살론

1) 형살(刑殺)

① 삼형살 : 寅巳申, 丑戌未

② 상형살 : 子卯

③ 자형 : 辰辰, 午午, 卯卯, 亥亥

2) 괴강살(魁罡殺)

모든 사람을 제압하는 살이다.

戊辰, 戊戌, 庚辰, 庚戌, 壬辰, 壬戌

3) 양인살(羊刃殺)

고집이 세고, 강렬함, 난폭함, 성급함을 의미한다.

丙午, 戊午, 壬子

4) 백호대살(白虎大殺)

백호를 의미, 피를 본다는 것을 뜻한다.

甲辰, 乙未, 丙戌, 丁丑, 戊辰, 壬戌, 癸丑

5) 역마살(驛馬殺)

활동적이고 움직임이 큰 직업이 좋다.

인신사해술(寅申巳亥戌)

6) 도화살(桃花殺)

사람들에게 인기가 많고, 유명세를 탈 수 있다.

자오묘유(子午卯酉)

7) 명예살(名譽殺)

독립적이고 지배당하기 싫어한다. 자유로운 직업이 좋다. 이름을 날린다.

진술축미(辰戌丑未)

8) 천문성(天門星)

사람의 생명을 살려주는 활인업이 좋다.

1순위 : 卯戌亥未

2순위 : 寅酉

9) 현침살(顯針殺)

뾰족한 것을 가지고 하는 직업이 좋다. 예민하고 세심하다.

갑오미신신(甲午未辛申)

10) 귀문관살(鬼門關殺)

신경이 예민하고 감수성이 좋으며, 상담가, 예술가 등이 좋다.

辰亥, 子酉, 未寅, 巳戌, 午丑, 卯申

1. 형살(刑殺)에 대한 설명이다. 틀린 것은?

① 상형살은 子卯이다.

② 寅巳申은 삼형살이다.

③ 辰辰은 자형이다.

④ 형살은 부적을 쓰면 좋아진다.

2. 다음 중 잘못 짝지어진 것은?

① 도화살-子午卯酉

② 괴강살-庚辰, 壬辰, 戊辰

③ 역마살-寅申巳亥

④ 천문성-1순위 寅酉

3. 다음 설명이 맞는 것은?

① 도화살이 있으면 모든 사람을 제압한다.

② 역마살이 있으면 인기가 많고 유명세를 탈 수 있다.

③ 양인살은 뾰족한 것을 가지고 하는 직업이 좋다.

④ 천문성이 있으면 사람을 살리는 활인업을 하면 좋다.

4. 다음 설명 중 틀린 것은?

① 백호대살은 甲辰, 乙未, 丙戌, 丁丑, 戊辰, 壬戌, 癸丑이다.

② 명예살이 있으면 고집이 너무 세서 되는 것이 없다.

③ 귀문관살이 있으면 예민하고 감수성이 뛰어나다.

④ 양인살은 丙午, 戊午, 壬子이다.

5. 다음 설명 중 맞는 것은?

① 백호대살이 있으면 남편 복이 무조건 없다.

② 양인살이 있으면 무조건 팔자가 세다.

③ 도화살이 있으면 이성과 바람을 계속 핀다.

④ 현침살이 있으면 예민하고 섬세해서 한의사 같은 직업이 좋다.

14

왕상휴수사(旺相休囚死)

왕상휴수사(旺相休囚死)는 일간과 월지와의 관계를 본다. 일주 천간은 절기에 따라 그 힘이 강해지거나 약해지는데 절기에 따라 일간과의 상호 관계를 잘 파악해야 일간의 힘 크기를 알 수 있다. 또한, 일간의 신강과 신약을 정확히 알 수 있다. 신강과 신약이 사주의 전반적인 좋고 나쁨을 파악하는 데 다 작용하지는 않지만 신강, 신약을 잘 파악하면 운의 흐름과 전반적인 사주를 읽어내는 데 큰 도움이 된다.

1) 왕(旺)

'기운이 왕성하다'는 뜻이다. 일간과 월지가 같은 오행이다. 내 힘이 강하다고 보아 왕이라고 한다.

癸	甲	丙	甲
酉	戌	寅	寅

2) 상(相)

'서로 본다'는 뜻이다. 월지가 일간을 생해주는 오행일 때를 말한다. 월지의 오행이 상이 된다.

戊	甲	丙	甲
辰	午	子	寅

3) 휴(休)

'쉬다', '그치다'라는 뜻이다. 상과 반대로 일간이 월지의 오행을 생해줄 때를 말한다. 내 힘이 빠진다. 월지의 오행이 휴가 된다.

己	甲	己	甲
巳	子	巳	寅

4) 수(囚)

'가두다'는 뜻이다. 일간이 월지의 오행을 극할 때를 말한다. 월지의 오행이 휴가 된다.

辛	甲	甲	甲
未	午	戌	寅

5) 사(死)

'죽는다'는 뜻이다. 월지의 오행이 일간을 극할 때를 말한다. 월지의 오행이 사가 된다.

辛	甲	癸	甲
未	子	酉	寅

◇ 계절별 오행의 왕상휴수사 ◇

왕상휴수사(旺相休囚死)					
월령＼일주	甲乙(木)	丙丁(火)	戊己(土)	庚辛(金)	壬癸(水)
왕(旺)	寅卯	巳午	辰戌丑未	申酉	亥子
상(相)	亥子	寅卯	巳午	辰戌丑未	申酉
휴(休)	巳午	辰戌丑未	申酉	亥子	寅卯
수(囚)	辰戌丑未	申酉	亥子	寅卯	巳午
사(死)	申酉	亥子	寅卯	巳午	辰戌丑未

1. 왕(旺)한 사주의 설명이다. 맞는 것은?

   ① 일간과 월지가 같은 오행이다.

   ② 사주 내에 내 기운이 약한 것이다.

   ③ 일간이 월지를 극하는 오행이다.

   ④ 일간을 월지가 극하는 오행이다.

2. 휴(休)에 대한 설명이다. 맞는 것은?

   ① 일간이 월지의 오행을 극할 때이다.

   ② 일간이 월지의 오행을 생해줄 때이다.

   ③ 월지의 오행이 일간을 극할 때이다.

   ④ 월지가 일간을 생해줄 때이다.

3. 사(死)에 대한 설명이다. 맞는 것은?

   ① 월지의 오행이 일간을 극할 때이다.

   ② 월지가 일간을 생해줄 때이다.

   ③ 일간이 월지의 오행을 극할 때이다.

   ④ 일간과 월지가 같은 오행일 때이다.

15

지장간(地藏干)

지지에 천간의 기운이 간직된 것을 말한다. 정기, 초기, 중기로 나뉜다.

1) 정기(正氣)

지지 본래의 기와 같은 기를 가진 천간으로 가장 강한 기를 나타낸다. 해당 지지에 음양오행이 같은 천간을 사용한다.

2) 초기(初氣)

말 그대로 처음의 기를 말한다. '여기'라고도 부른다.

3) 중기(中氣)

초기와 정기의 중간에 해당한다.

구 분		子	丑	寅	卯	辰	巳	午	未	申	酉	戌	亥
여기 (餘氣)	지장간	壬	癸	戊	甲	乙	戊	丙	丁	戊	庚	辛	戊
	일수	10	9	7	10	9	7	10	9	7	10	9	7
중기 (中氣)	지장간		辛	丙		癸	庚	己	乙	壬		丁	甲
	일수		3	7		3	7	9	3	7		3	7
정기 (正氣)	지장간	癸	己	甲	乙	戊	丙	丁	己	庚	辛	戊	壬
	일수	20	18	16	20	18	16	11	18	16	20	18	16

1. 지장간에 대한 설명이다. 맞는 것은?

　① 정기, 말기, 초기로 나뉜다.

　② 초기는 '여기'라고도 한다.

　③ 천간에 지지의 기운이 간직된 것을 말한다.

　④ 정기는 처음의 기를 말한다.

2. 다음 중 지장간이 틀리게 짝지어진 것은?

　① 寅-甲丙戊　② 酉-辛庚　③ 午-丁己丙　④ 辰-癸乙

3. 亥水의 지장간은?

　① 壬甲戊　② 癸壬　③ 庚壬戊　④ 戊癸乙

4. 未土의 지장간은?

　① 戊丁辛　② 辛庚　③ 乙甲　④ 己乙丁

5. 午火의 지장간은?

　① 丁己丙　② 己辛癸　③ 丙庚戊　④ 甲丙戊

75

16

신강과 신약

일간의 힘 강약을 본다. 일간의 힘이 강하면 신강이고, 일간의 힘이 약하면 신약이다.

1) 득령(得令)

월령, 즉 월지를 얻었다는 뜻이다. 일간과 오행이 같거나 월지의 오행이 일간을 생해주는 것이다. 당령, 득시라고도 한다.

일간	월지	
	나와 같은 오행	나를 생하는 오행
甲乙(木)	寅卯	亥子
丙丁(火)	巳午	寅卯
戊己(土)	辰戌丑未	巳午
庚辛(金)	申酉	辰戌丑未
壬癸(水)	亥子	申酉

2) 득지(得支)

일간과 같은 일지나 나를 생해주는 일지를 뜻한다.

일간	일지	
	나와 같은 오행	나를 생하는 오행
甲乙(木)	寅卯	亥子
丙丁(火)	巳午	寅卯
戊己(土)	辰戌丑未	巳午
庚辛(金)	申酉	辰戌丑未
壬癸(水)	亥子	申酉

3) 득시(得時)

시지에서 일간과 같은 오행이거나 일간을 생해주는 오행을 말한다.

일간	시지	
	나와 같은 오행	나를 생하는 오행
甲乙(木)	寅卯	亥子
丙丁(火)	巳午	寅卯
戊己(土)	辰戌丑未	巳午
庚辛(金)	申酉	辰戌丑未
壬癸(水)	亥子	申酉

4) 득세(得勢)

일간을 생해주는 오행이나 자신과 같은 오행이 많은 경우다.

5) 통근(通根)

뿌리를 통한다는 뜻으로 천간에 있는 오행이 지지에 있거나 생해주는 오행이 있는 경우다.

천간	지지		
	같은 오행	생해주는 오행	통근
甲乙(木)	寅卯	亥子	辰
丙丁(火)	巳午	寅卯	未
戊己(土)	辰戌丑未	巳午	
庚辛(金)	申酉	辰戌丑未	戌
壬癸(水)	亥子	申酉	丑

6) 실령(失令)

일간이 월지를 생하거나 일간이 월지를 극하거나 월지가 일간을 극하는 경우다. 다시 말해 일간이 힘을 잃는 것을 말한다.

구분	월지		
일 간	내가 생하는 오행	내가 극하는 오행	나를 극하는 오행
甲乙(木)	巳午	辰戌丑未	申酉
丙丁(火)	辰戌丑未	申酉	亥子
戊己(土)	申酉	亥子	寅卯
庚辛(金)	亥子	寅卯	巳午
壬癸(水)	寅卯	巳午	辰戌丑未

7) 실지(失支)

득지와 반대 개념이다. 일간이 일지를 생하거나 일간이 극하거나 일지가 일간을 극하는 경우다.

8) 실세(失勢)

득세와 반대다. 자신의 세력을 잃어버리는 것을 말한다.

9) 투간(透干)

천간에 나타난다는 뜻이다. 지지에 있는 오행이 천간에도 있는 경우와 지장간에 있는 글자가 천간에 있는 경우를 말한다. 투출도 같은 의미다.

> **신강한 사주 : 왕한 사주, 강한 사주, 득령, 득세한 사주**
> **신약한 사주 : 약한 사주, 쇠한 사주, 실령, 실세한 사주**

① 남자 1969년 3월 25일 저녁 11시 35분 (양력)

시 (時)	일 (日)	월 (月)	년 (年)	
				천간 (天干)
				지지 (地支)

오행 (五行)	木	火	土	金	水
육친 (六親)					

신살 (神殺)	

										대 운 (大運)

										세 운 (歲運)

② 남자 1962년 7월 7일 오전 7시 (양력)

시 (時)	일 (日)	월 (月)	년 (年)	
				천간 (天干)
				지지 (地支)

오행 (五行)	木	火	土	金	水
육친 (六親)					

신살 (神殺)	

									대 운 (大運)

										세 운 (歲運)

③ 여자 1965년 8월 21일 오전 3시 (양력)

시 (時)	일 (日)	월 (月)	년 (年)	
				천간 (天干)
				지지 (地支)

오행 (五行)	木	火	土	金	水
육친 (六親)					

신살 (神殺)	

									대 운 (大運)

									세 운 (歲運)

④ 남자 1968년 8월 16일 오전 9시 (양력)

시 (時)	일 (日)	월 (月)	년 (年)	
				천간 (天干)
				지지 (地支)

오행 (五行)	木	火	土	金	水
육친 (六親)					

신살 (神殺)	

										대 운 (大運)

										세 운 (歲運)

1. 득령(得令)에 대한 설명이다. 틀린 것은?

① 경신(庚辛)일이 월지가 신유(申酉)월일 때

② 임계(壬癸)일이 월지가 해자(亥子)월일 때

③ 갑을(甲乙)일이 월지가 자축(子丑)월일 때

④ 병정(丙丁)일이 월지가 사오(巳午)월일 때

2. 다음 설명 중 틀린 것은?

① 통근(通根)은 뿌리가 통한다는 말이다.

② 득지(得支)는 일간과 같은 일지나 생해주는 일지다.

③ 득세(得勢)는 일간이 월지를 생하는 것을 말한다.

④ 실세(失勢)는 자신의 세력을 잃어버리는 것을 말한다.

3. 다음 중 바르게 짝지어진 것은?

① 갑을(甲乙)일간이 월지가 신유(申酉)일 때 득령이다.

② 경신(庚辛)일간이 월지가 인묘(寅卯)일 때 득령이다.

③ 병정(丙丁)일간이 월지가 사오(巳午)일 때 득령이다.

④ 임계(壬癸)일간이 월지가 진술축미(辰戌丑未)일 때 득령이다.

4. 다음 중 틀리게 짝지어진 것은?

① 갑을(甲乙)일간이 진술축미(辰戌丑未)월일 때 실령이다.

② 무기(戊己)일간이 인묘(寅卯)월일 때 실령이다.

③ 임계(壬癸)일간이 사오(巳午)월일 때 실령이다.

④ 경신(庚辛)일간이 신유(申酉)월일 때 실령이다.

5. 신강한 사주에 대한 설명이다. 올바른 것은?

① 왕한 사주, 득령한 사주다.   ② 실령, 실세한 사주다.

③ 쇠한 사주, 약한 사주다.   ④ 실지, 쇠한 사주다.

17

근묘화실(根苗花實)

태어난 연월일시 간지를 뜻한다. 나무에 비교하여 뿌리, 싹, 꽃, 열매로 구분한다. 생년을 뿌리, 생월을 싹, 생일은 꽃, 생시는 열매를 뜻한다.

	시 주	일 주	월 주	연 주
근묘화실	실(實)	화(花)	묘(苗)	근(根)
일생	말년	장년	청년	초년
육친	자녀, 자손	본인, 배우자	부모, 형제자매	조상, 조부모
나이	76~졸	51~75세	26~50세	0~25세
계절	가을	여름	봄	겨울
사상	소음인	태양인	소양인	태음인
특성	의리, 계획	교우, 사랑	용맹, 공경	배움, 총명
희노애락	락	애	로	희
마음	의	예	인	지
윤회	후세	현세	금세	전생

1. 근묘화실에 대한 설명이다. 올바른 것은?

　① 근(根)은 꽃이다.　② 묘(苗)는 무덤이다.

　③ 화(花)는 열매이다.　④ 실(實)은 열매이다.

2. 올바르지 않게 연결된 것은?

　① 연주-근(根)　② 월주-묘(苗)　③ 일주-화(花)　④ 시주-승(勝)

3. 올바르게 연결된 것은?

　① 월주는 부모, 형제자매를 보는 자리이다.

　② 일주는 자녀, 자손의 자리이다.

　③ 연주의 자리는 배우자이다.

　④ 시주의 자리는 양부모의 자리이다.

4. 근묘화실 일생에 대한 설명이다. 틀린 것은?

　① 연주는 초년의 자리이다.　② 월주는 청년기이다.

　③ 일주는 장년기이다.　④ 시주는 죽고 난 다음 생이다.

18

12신살(神煞)

겁살(劫煞), 재살(災煞), 천살(天煞), 지살(地煞), 연살(年煞), 월살(月煞), 망신살(亡身煞), 장성살(將星煞), 반안살(攀鞍煞), 역마살(驛馬煞), 육해살(六害煞), 화개살(華蓋煞)을 말한다.

1) 겁살(劫煞)

겁은 '빼앗기다', '빼앗다'의 뜻으로 겁살이란 타인에게 겁탈과 강탈을 당한다는 뜻이다. 재물 탈취, 강간, 강제 차압, 강제 압류, 강제 철거 등을 의미하고 아무리 성실하고 선량하게 행동해도 경과가 좋지 않아 재물의 손실, 사건 사고의 발생, 괴이한 질병에 걸리거나 불화가 끊이지 않고 부정한 일들이 생기고 관재가 생기며 몸과 마음이 강제적인 제약을 받는다.

2) 재살(災煞)

재살은 수옥살(囚獄煞)이라고도 하는데 목숨과 명예를 걸고 피가 튀는 싸움을 하거나 사고가 발생하게 됨을 말한다. 실질적인 권력을 잡기 위해 치열하고 격렬하게 투쟁하며 사고, 납치, 감금, 관재구설, 소송 등 몸과 마음이 구속되는 일을 겪게 되는 무서운 살 중에 하나다.

3) 천살(天煞)

천살은 갑작스럽고 황당하게 발생하는 천재지변이나 사건 사고에 화를 당한다는 뜻이다. 태풍, 홍수, 지진, 화재, 가뭄, 벼락 등의 자연재해가 발생하고 심장마비, 뇌출혈, 암, 정신병, 중풍, 언어장애, 급성마비, 전염병, 교통사고 등 뜻하지 않는 사건 사고가 발생하는 살이다.

4) 지살(地煞)

지살은 땅의 살, 땅이 움직이는 살로 활동력이 매우 크고 역마살과 매우 흡사한 의미를 가지고 있다. 변화 변동의 살로 이사, 여행, 타향 객지생활, 직장의 변동, 가정의 변동, 차량 사업, 유학 생활, 해외 이민 등의 변동이 있다고 본다.

5) 연살(年煞)

연살은 도화살(桃花煞)이라고도 하는데, 색기가 있고 쾌락적이라는 의미가 있어 신경이 예민하며 화려하고 아름다운 것을 좋아한다. 남녀 간의 성욕을 말하고 바람기가 너무 음탕하여 색정 문제에 빠지게 되며 놀기 좋아한다. 생활이 불안하며 쾌락적이다 보니 향락에 젖어 산다는 의미다.

6) 월살(月煞)

월살은 신의가 파괴되고 신앙이 있는 사람이면 종교 교리를 위반한다. 새로운 시작을 하는 사람은 출발을 불행하게 시작한다는 의미다. 또한 가지고 있는 것이 모두 나가거나 저장해둔 창고를 파괴하여 자원과 자본이 고갈되는 작용을 한다는 뜻이다. 성당, 교회, 사찰 등을 파괴하거나 성당, 교회, 사찰과 관련된 관재수가 생긴다. 집의 이사, 건축, 개축, 새로운 일의 개업, 확장, 약혼, 결혼, 입학, 입사 등 새로운 출발이 오히려 불행으로 돌아간다. 재산이 흩어지고 사업 부진, 자금 부도, 각종 신체 기능의 마비 등이 발생한다고 본다.

7) 망신살(亡身煞)

망신살은 외부에서 찾아오는 것보다는 안에서 또는 가까운 곳에서 발생하는 것으로 가족 간의 생사이별, 다툼, 송사 등이 발생한다. 사업도 실물, 도난, 손실, 명예 손상, 관재수, 구설 등의 일들이 생기며 신체 이상이 발생하여 후천성 면역결핍증, 성병 등의 망신을 당할 질병이 발생한다고 본다.

8) 장성살(將星煞)

장성살이 있는 사람은 강력하고 왕성한 힘과 과감성을 겸비하고 진취적인 생각과 인내와 끈기가 있다. 그렇기에 어떤 힘든 상황이 와도 뚫고 나가는 힘이 있고 매사에 성취하고 성공시켜 나가는 능력이 있다고 본다.

특히 이 살은 무관(武官)과 관련이 있어 군인, 경찰, 사법, 법조인 등이 되면 명예를 크게 얻어 성공하고 높은 지위까지 오른다고 본다.

9) 반안살(攀鞍煞)

반안살은 '말의 안장을 상징하며 말등에 편안한 안장을 얹고 올라탄다'는 뜻으로 요즘 사회에 비추어 보면 고급 자동차를 탄다고 본다. 명예를 크게 얻고 승진과 출세가 쉽게 되며 어디에서 일하든 최고의 위치에 오른다. 명예와 복록의 상징이라고 본다.

10) 역마살(驛馬煞)

역마살은 지살과 비슷하다. 땅을 움직인다고 보며 활동성이 넘쳐서 가만히 있지 못하고 바삐 움직이고 돌아다닌다는 것을 의미하며 변화 변동이 많은 것이 특징이다. 변화 변동이란 유년기에 고향을 떠나거나 장거리 여행, 이사를 자주 하거나, 운수업과 관련된 일을 하는 것을 말한다.

해외를 자주 왕래하는 직업을 갖거나, 유학이나 이민을 떠나는 일이 있다. 운동선수, 군인, 경찰처럼 활동성이 많은 직업, 비행사, 스튜어디스, 항해사, 외교관, 관광업, 무역업, 언론이나 방송, 출판 등을 통해 먼 곳까지 자신을 알리는 일이 있다고 본다.

11) 육해살(六害煞)

육해살은 말 그대로 여섯 가지의 해로운 살이다. 질병과 재난이 끊이지 않아 매사가 막히고 한숨 쉴 일이 발생한다고 본다. 또한 오래된 것으로도 보기 때문에 평생 질병을 짊어지고 가

는 소아마비, 뇌성마비, 맹인, 농아 등의 질병이 발생한다고 본다. 더불어 화재나 수재와 같은
천재(天災)의 일이 발생하고 관재수로 어려움이 있다고 보고 있다.

12) 화개살(華蓋煞)

화개살은 저장 창고로 보기도 하는데 가을에 수확한 것을 긴 겨울 동안 저장했다가 봄이 되
어 조금씩 꺼내 쓰게 되는 것이고 생산보다는 소비를 상징하기도 한다. 고독과 종교의 의미
를 가지고 있으므로 연예, 예술, 방송, 문화 등 화려함 속에 외로움을 가지고 있는 직업이나
신부, 수녀, 목사, 스님 등의 종교인도 좋다고 본다.

12신살 표

지지 일지	겁살	재살	천살	지살	년살	월살	망신	장성	반안	역마	육해	화개
亥卯未	申	酉	戌	亥	子	丑	寅	卯	辰	巳	午	未
寅午戌	亥	子	丑	寅	卯	辰	巳	午	未	申	酉	戌
巳酉丑	寅	卯	辰	巳	午	未	申	酉	戌	亥	子	丑
申子辰	巳	午	未	申	酉	戌	亥	子	丑	寅	卯	辰

1. 12신살(神煞)에 대한 설명이다. 틀린 것은?

① 겁살(劫煞)은 재물의 손실, 사건 사고의 발생을 암시한다.

② 지살(地煞)은 가정의 변동, 타향, 객지 생활 등 변동과 관계 있다.

③ 연살(年煞)은 도화살이라고도 한다.

④ 반안살(攀鞍煞)은 무관과 관련이 있어서 군인, 경찰이 된다.

2. 12신살(神煞)에 대한 설명이다. 올바른 것은?

① 해묘미(亥卯未)일은 겁살이 인(寅)부터 시작한다.

② 사유축(巳酉丑)일은 겁살이 사(巳)부터 시작한다.

③ 인오술(寅午戌)일은 겁살이 해(亥)부터 시작한다.

④ 신자진(申子辰)일은 지살이 유(酉)이다.

3. 역마살(驛馬煞)에 대한 설명이다. 틀린 것은?

① 역마살은 지살과 비슷하다.

② 해외를 자주 왕래하는 직업을 갖는다.

③ 항해사, 외교관, 관광업, 무역업 등의 직업을 갖는다.

④ 질병과 재난이 끊이지 않는다.

4. 장성살(將星煞)에 대한 설명이다. 틀린 것은?

① 어떤 힘든 일이 있어도 뚫고 나간다.

② 매사를 성공시키는 능력이 있다.

③ 명예를 크게 얻어 높은 지위까지 오른다.

④ 종교 쪽이나 연예인 쪽으로 가면 좋다.

5. 화개살(華蓋煞)과 관계 없는 것은?

① 소비가 많다.

② 스님, 목사님

③ 연예인, 예술인

④ 군인, 경찰

1) 연지에 12신살이 있을 때

신살	특 징	길/흉
겁살	가업 계승이 불가하다. 객지 생활한다. 선대조가 비명횡사한다.	흉
재살	관재구설이 있다. 부모 형제가 급질이나 혈관질환으로 사망한다.	흉
천살	객지에서 고생한다. 매사 막힌다. 조부모가 비명횡사한다.	흉
지살	객지에서 고생한다. 선대조가 객사한다. 재산을 탕진한다.	흉
연살	부부간에 외도에 빠진다. 선대조가 바람을 피우다가 사망한다.	흉
월살	노력해도 모든 일이 허사가 된다. 선대조가 굶어 죽는다.	흉
망신살	객지에서 고생한다. 선대조의 유업 계승이 불가하다. 객사한다.	흉
장성살	모든 사람을 통솔한다. 권력을 잡는다. 선대조가 전사한다.	길
반안살	조상과 부모의 덕이 있다. 일평생 영화를 누린다.	길
역마살	객지로 떠돌며 고생한다. 선대조가 객사한다.	흉
육해살	양자로 입양된다. 믿음이 부족하다. 선대조가 건강 악화로 사망한다.	흉
화개살	객지에서 고생한다. 유산을 탕진한다. 가난하게 살아간다.	흉

2) 월지에 12신살이 있을 때

신살	특 징	길/흉
겁살	조실부모. 부모 형제가 불구가 되거나 단명한다. 형제끼리 무정하다.	흉
재살	실물수가 많다. 관재수가 있다. 부모 형제가 비명횡사나 객사한다.	흉
천살	부모 형제 덕이 없다. 부모 형제의 급질 괴질. 부모 형제가 비명횡사한다.	흉
지살	유산을 탕진한다. 객지에서 고생한다. 부모 형제가 객사한다.	흉
연살	부모 형제가 주색을 탐닉한다. 부모 형제가 주색잡기로 사망한다. 패가망신한다.	흉
월살	분주하고 일이 많다. 부모 형제가 굶어 죽는다. 매사가 막힌다.	흉
망신살	부모 형제가 객사한다. 부모 형제 변동 수가 많다.	흉
장성살	무관에 뛰어나다. 병권을 잡는다. 부모 형제가 전사한다.	길
반안살	명예를 드날린다. 관운이 있다. 부모 형제가 화목하다.	길
역마살	부모 형제가 객사한다. 객지 생활한다. 분주하고 일이 많다.	흉
육해살	부모 형제끼리 무정하다. 주변 사람으로 인해 어려움을 겪는다. 현실회피를 한다. 신앙생활을 한다.	흉
화개살	부모 형제 덕이 없다. 차남이어도 장남 노릇을 한다. 가문을 책임져야 한다.	흉

3) 일지에 12신살이 있을 때

신살	특 징	길/흉
겁살	부부가 생사이별한다. 남자는 첩을 둔다. 본인이나 배우자가 질병으로 고생한다.	흉
재살	생활이 불안정하다. 부부가 비명횡사한다. 인생이 파란만장하다.	흉
천살	부부가 생사이별한다. 부부가 비명횡사한다. 가정생활이 파탄 난다.	흉
지살	매사 분주하고 일이 많다. 부부가 이별한다. 부부가 객지에서 비명횡사한다.	흉
연살	부부 관계가 소원하다. 부부가 음란 방탕하다. 매사 불길하다.	흉
월살	매사 분주하고 일이 많다. 부부가 이별한다. 노력의 성과가 없다.	흉
망신살	부부가 이별한다. 하는 일마다 망신을 당한다. 배우자가 자주 바뀐다.	흉
장성살	명예가 따른다. 항상 근심 걱정한다. 부부가 생사이별한다.	길
반안살	가정이 안정되고 행복하다. 부부가 화목하다. 재산이 풍족하다.	길
역마살	배우자와 생사이별한다. 주색으로 방탕하다. 타향살이를 한다.	흉
육해살	종교에 귀의한다. 부부지간에 애정이 없다. 재산과 재물이 없다.	흉
화개살	본처와 생사이별한다. 종교에 귀의한다. 배우자와 인연이 없다.	흉

4) 시지에 12신살이 있을 때

신살	특 징	길/흉
겁살	자식을 두기 어렵다. 자식이 방탕하거나 불구가 된다. 자녀가 단명한다.	흉
재살	자기 덕이 없다. 자식이 비명횡사한다. 자식이 피 흘리고 죽는다.	흉
천살	자식이 비명횡사한다. 자식이 감옥에 간다. 자식과 생사이별한다.	흉
지살	자식과 생사이별한다. 자식이 타향살이를 한다. 자식과 관계가 소원해진다.	흉
연살	부부 관계가 악화된다. 자녀가 음란하다. 자녀가 화류계에 종사한다.	흉
월살	자식이 불효한다. 자녀로 인한 근심 걱정이 있다. 자녀가 단명한다.	흉
망신살	말년이 불우하다. 자녀 복이 없다. 자녀로 인한 근심 걱정이 있다.	흉
장성살	말년에 크게 성공한다. 자녀가 관직에서 성공한다. 가정이 편하고 행복하다.	길
반안살	말년이 행복하다. 자식 복이 있다. 부부가 해로한다.	길
역마살	자녀가 타향살이를 한다. 자녀와 생사이별한다. 말년에 객지에서 사망한다.	흉
육해살	자녀가 종교에 귀의한다. 말년에 건강이 악화된다. 말년에 독수공방한다.	흉
화개살	자녀가 종교에 귀의한다. 가문에 영광이 따른다. 재물이 없고 명예가 있다.	흉

5) 12신살 한 해 운 해석

겁살년	매사에 이로움보다 불리함이 많아 강탈, 손실, 압류, 경매, 돌발사의 조짐이 세다.
재살년	관재구설의 형액이 따른다. 신병 발생, 재산 손실, 노상횡액의 우려가 있다.
천살년	예고 없는 사건 사고로 한탄할 일이 생긴다.
지살년	이사, 변동의 기운이 따른다.
연살년	이성 문제로 망신당할 수 있다.
월살년	병을 얻어 고생한다. 노인은 수명이 다한다.
망신살년	관재구설이 따르니 절대 경거망동하지 말 것, 손재수, 자신의 범법 행위 우려가 크다.
장성살년	출세, 승진의 경사가 겹친다.
반안살년	관록을 득하는 길한 운으로 발전한다.
역마살년	이사, 전근, 전출, 해외여행, 출장 갈 일이 많다.
육해살년	교통사고, 안전사고의 우려를 암시한다.
화개살년	결혼 애정에 길하다. 자신의 의견, 작품 활동 등이 왕성하고 발표할 기운이 있다.

1. 다음 설명 중 틀린 것은?

① 연지에 월살이 있으면 선대조가 안 좋다.

② 연지에 장성살이 있으면 선대조가 전사한다.

③ 연지에 망신살이 있으면 가업 계승이 어렵다.

④ 연지에 화개살이 있으면 아들이 스님이 된다.

2. 월지에 12신살이 있을 때 틀린 것은?

① 재살이 있으면 부모가 비명횡사한다.　② 월살이 있으면 부모 형제가 굶어 죽는다.

③ 장성살이 있으면 병권을 잡는다.　　　④ 역마살이 있으면 가문을 책임져야 한다.

3. 일지에 12신살이 있을 때 맞는 것은?

① 지살이 있으면 자식과 생사이별한다.

② 천살이 있으면 자식이 감옥에 간다.

③ 망신살이 있으면 가정이 편안하고 행복하다.

④ 장성살이 있으면 명예가 따른다.

4. 12신살의 한 해 운 해석이다. 틀린 것은?

① 반안살년은 관록을 득한 길한 운이다.　② 육해살년은 교통사고를 조심해야 한다.

③ 연살년은 이성 문제로 망신당한다.　　④ 장성살년은 자녀가 종교에 귀의한다.

20

12운성(運星)

12운성은 절태법, 포태법이라고 부르기도 한다. 10개의 천간이 12개의 지지를 만났을 때 기를 얻거나 잃는 과정을 인생의 흐름 즉, 태어나고 성장해서 소멸하는 12단계를 파악한 것이다. 장생(長生), 목욕(沐浴), 관대(冠帶), 건록(健祿), 쇠(衰), 병(病), 사(死), 묘(墓), 절(絶) 또는 포(胞), 태(胎), 양(養)으로 이루어진다.

1) 절(絶)

절 또는 포(胞)는 끊어질 절의 의미로 아무것도 없는 빈 공간을 이야기하며 어머니의 빈 배 속을 상징한다. 아무것도 할 수 없는 상태로 어떤 일이나 행동도 이루어지는 것도 없고 매사에 불안정하고 인내심이 부족하다. 주변 사람들의 말에 부화뇌동(자기 생각이 없고 남의 의견에 경솔하게 움직임)하여 어려움을 겪기 쉽다.

2) 태(胎)

부모가 사랑을 나누어 배 속에서 아기가 잉태되는 현상을 의미하니 새로운 시작을 상징하나 아직은 아무것도 할 수 없다. 그저 생명을 잉태했기에 보호를 받아야 할 상태이니 계획은 있지만 어떤 일도 진행되지 못하고 막혀 있는 상황이다.

3) 양(養)

아기가 잉태하여 엄마의 배 속에서 길러지고 있는 상태로 열 달의 임신 기간 중에 언제든 유산될 수 있어서 힘든 상태다. 보호받아야 할 상황이니 생각은 있지만 실천과 행동이 불가한 준비 기간일 뿐이다. 자칫 서두르면 일이 막히고 중도에 실패 수가 따른다.

4) 생(生)

'장생'의 줄임말로 아기가 엄마의 배에서 세상 밖으로 태어나는 상태다. 이제야 하나의 인간으로 세상의 삶을 얻었다고 보는 것이다. 생각과 계획을 실제로 실천하고 행동하여 움직이는 운으로 중후하고 기품이 넘치며 온후하여 주변의 칭송과 명예를 얻는다. 자신감도 함께하여 뜻하는 바가 원하는 대로 이루어진다.

5) 욕(浴)

'목욕'의 줄임말로 이제 서서히 자라서 이성을 알아가는 사춘기 전후의 시기다. 아직 성인이 되지 못한 불안정한 상태이니 풍류에 휩싸이고 주색에 빠지며 음란해지기 쉽다. 풍파와 색난이 끊이지 않아서 하는 일이 모두 막히고 꼬이며 늘 구설수나 관재수가 따른다.

6) 대(帶)

'관대'의 줄임말로 의복을 갖추어서 성인이 되는 시기, 즉 성인식을 말한다. 결혼을 하는 시기로 이제야 정식으로 어른이 되고 그로 인해 중후하고 인품이 있는 행동과 적극적인 성품을 갖춘다. 어떠한 일도 시원스럽게 추진하고 어려움 없이 지속적으로 번영, 발전해 나간다.

7) 관(冠)

'건록'의 줄임말로 의관을 갖추고 벼슬길에 들어가 자신의 맡은 바 임무와 직책을 수행하고 관직으로 복록을 얻게 되니 식록도 풍족하다. 편안한 상태를 상징하니 매사 적극성과 자신감, 성실성이 돋보인다. 맡은 바 최선을 다하고 최상의 결과가 있어서 희망과 발전이 있다.

8) 왕(旺)

'제왕'의 줄임말로 벼슬, 즉 직장에서 최고의 위치에 올라 왕성한 힘과 세력을 형성한다. 주체성이 강하고 배짱이 두둑하며 적극적이고 활동적이다. 매사에 활동가 기질을 보인다. 하고자

하는 일이 모두 성사되고 완성되어 가는 최고 전성기의 운이다. 다만 너무 아집, 고집을 부려 자칫 실패의 어려움도 알 수 있다.

9) 쇠(衰)

직장에서 정년퇴직하거나 최고의 자리에서 물러서거나 서서히 쇠퇴해가는 상태를 의미한다. 매사 의욕 상실과 함께 소심해지며 기운마저 쇠약해진다. 하는 일마다 막히고 꺾인다. 인덕이 없고 늘 구설수가 따르는 등 주위 사람들과 어려움이 있다.

10) 병(病)

직장에서 물러나 세월이 흐르다 보니 나이가 들고 병이 들어 있는 상태다. 매사 시작하기도 전에 힘들고 하는 일들도 정체되어 좌절되어 버린다. 건강도 매우 악화한다. 모든 일에서 실패와 고난만 계속된다.

11) 사(死)

이 세상과 하직하여 죽음에 이르게 됨을 말한다. 활동할 수 없는 상태로 정지되고 독단적인 패배와 패망의 길로 내달리니 사업의 부도나 직업의 불안정, 관재수, 구설수로 인한 건강 악화로 모든 것이 묶여 버린다.

12) 묘(墓)

죽음 후에 산소, 즉 묏자리에 들어가면서 모든 활동이 정지되고 종식되는 공허한 상태다. 묘에 들어가면, 하는 일은 모두 최악의 상태로 떨어지고 직장에서 쫓겨난다. 사람은 죽고 불운이 반복된다.

십이운성 \ 일간	갑일	을일	병일	정일	무일	기일	경일	신일	임일	계일
절(絶)	申	酉	亥	子	亥	子	寅	卯	巳	午
태(胎)	酉	申	子	亥	子	亥	卯	寅	午	巳
양(養)	戌	未	丑	戌	丑	戌	辰	丑	未	辰
생(生)	亥	午	寅	酉	寅	酉	巳	子	申	卯
욕(浴)	子	巳	卯	申	卯	申	午	亥	酉	寅
대(帶)	丑	辰	辰	未	辰	未	未	戌	戌	丑
관(冠)	寅	卯	巳	午	巳	午	申	酉	亥	子
왕(旺)	卯	寅	午	巳	午	巳	酉	申	子	辰
쇠(衰)	辰	丑	未	辰	未	辰	戌	未	丑	戌
병(病)	巳	子	申	卯	申	卯	亥	午	寅	酉
사(死)	午	亥	酉	寅	酉	寅	亥	巳	卯	申
묘(墓)	未	戌	戌	丑	戌	丑	丑	辰	辰	未

1. 12운성(運星)에 대한 설명이다. 맞는 것은?

① 절태법, 포태법이라고도 부른다.

② 절(絶)은 배 속에 아기가 잉태되는 현상을 의미한다.

③ 생(生)은 이성을 알아가는 사춘기 전후의 시기이다.

④ 왕(旺)은 나이가 들고 병이 들어 있는 상태이다.

2. 다음 설명 중 틀린 것은?

① 양(養)은 준비 기간일 뿐, 서두르면 일이 막힌다.

② 욕(浴)은 풍류에 휩싸이고 주색에 빠지기 쉽다.

③ 관(冠)은 벼슬길에 들어가 임무와 직책을 수행한다.

④ 사(死)는 빈 공간을 의미하며 어머니 배 속이다.

3. 다음 설명 중 맞는 것은?

① 쇠(衰)는 병이 깊어져 죽음을 맞는다.　② 생(生)은 직업을 갖고 사회에 나간다.

③ 대(帶)는 성인이 되는 것이다.　④ 묘(墓)는 영혼이 육체를 떠나는 것이다.

4. 12운성에 대한 설명이다. 맞는 것은?

① 갑(甲)일간은 자(子)부터 절(絶)이 시작한다.

② 경(庚)일간은 진(辰)부터 양(養)이 시작한다.

③ 임(壬)일간은 미(未)부터 왕(旺)이 시작한다.

④ 병(丙)일간은 오(午)부터 생(生)이 시작한다.

21

12운성의 이해

1) 12운성 요약

절(포)	끊어짐, 시신이 부패하고 영혼이 육체를 떠나는 것.
태	잉태함, 윤회의 결과로 새롭게 모체와 인연을 맺는 것을 뜻한다.
양	자라남, 모태에서 자라나는 것.
생	태어남, 세상과 처음 인연을 맺는 것.
욕	목욕을 함, 점차 성장해가는 것.
대	관을 쓰고 허리띠를 맴, 성인이 되는 것.
관	문패를 세우고 녹봉을 받음, 직업을 갖고 사회에 진출하는 것.
왕	왕처럼 왕성함. 활동이 가장 왕성한 시기를 뜻한다.
쇠	시듦, 왕성하던 기운이 점차 줄어드는 것을 뜻한다.
병	병듦, 원기를 잃고 병이 드는 것을 뜻한다.
사	죽음, 병이 깊어져 죽음을 맞는 것.
묘	무덤에 들어감, 죽어서 무덤에 묻히는 것.

2) 12운성의 일주 해석

12운성	해 석	길/흉
절(포)	이성 관계가 복잡하다. 가정에 소홀하다. 부부 다툼. 부부 별거. 이혼.	흉
태	의지 부족. 신체 허약. 죽을 수도 있다. 부모를 모셔야 한다. 시부모와의 갈등이 있다.	흉
양	연애결혼. 의지력, 결단력 없다. 고향 떠나 객지 생활을 한다. 재주가 많다.	흉
생	배우자 복이 있다. 가정 행복. 부부간에 금슬이 좋다. 부모에게 효도한다. 부모 은덕이 있다.	길
욕	부모를 일찍 여의거나 부모 복 없다. 주색잡기. 부부 인연 없다.	흉
대	의지 강하다. 용모가 수려하다. 총명하다. 가정이 평안하다. 직업 변동 심하다.	길
관	의지가 굳다. 계획적이다. 주관이 뚜렷하다. 양자로 갈 가능성이 있다. 여성이라면 배우자 복이 없다.	남-길 여-흉
왕	자존심이 강하다. 양자 가능하다. 양부모 모신다. 고향 떠나 자수성가한다. 여성이라면 배우자 복이 없다.	남-길 여-흉
쇠	결혼 운 박약하다. 부부 인연 없다. 가족과 생사이별한다.	흉
병	체질이 약하다. 중병이 있다. 부부 인연 박약하다. 부부 생사이별한다.	흉
사	부부지간 냉담하다. 다툼이 있다. 신경질적인 성질이 있다. 중년 이후 생사이별한다.	흉
묘	초년 병치레한다. 허약하다. 여성이라면 부부 운이 약하다.	흉

3) 공망(空亡)

천간 10자와 지지 12자가 결합을 할 때 천간은 두 글자가 부족하다. 짝을 이루지 못한 2개의 지지를 공망이라고 한다. 비어 있다는 뜻으로 마음먹은 대로 되는 일이 없고 하는 일은 있으나 들어오는 수입이 없을 때를 말하기도 한다. 공망살, 공방살, 천중살이라고도 한다. 공망을 충이나 합이 없을 때 제대로 발휘된다. 합이나 충이 있으면 해공된다고 본다.

1甲子	2乙丑	3丙寅	4丁卯	5戊辰	6己巳	7庚午	8辛未	9壬申	10癸酉	戌亥
11甲戌	12乙亥	13丙子	14丁丑	15戊寅	16己卯	17庚辰	18辛巳	19壬午	20癸未	申酉
21甲申	22乙酉	23丙戌	24丁亥	25戊子	26己丑	27庚寅	28辛卯	29壬辰	30癸巳	午未
31甲午	32乙未	33丙申	34丁酉	35戊戌	36己亥	37庚子	38辛丑	39壬寅	40癸卯	辰巳
41甲辰	42乙巳	43丙午	44丁未	45戊申	46己酉	47庚戌	48辛亥	49壬子	50癸丑	寅卯
51甲寅	52乙卯	53丙辰	54丁巳	55戊午	56己未	57庚申	58辛酉	59壬戌	60癸亥	子丑

① 연주공망

조상의 은덕이 부족하고 초년 시절에 고생한다.

② 월주공망

부모 형제 복이 없고 주거 및 주택 운이 없다.

③ 일주공망

배우자와 인연이 없고 부부 관계가 원만하지 못하다.

④ 시주공망

자식과의 인연이 없고 말년에 고독하고 불우하다.

4) 원진살(怨辰殺)

연지로 판단하며 자미, 축오, 인유, 묘신, 진해, 사술이 있다. 증오, 불화, 이별, 사별하거나 고독하게 만드는 살이다.

1. 일주에 12운성이 있을 때이다. 설명이 틀린 것은?

① 사(死)가 있으면 중년 이후 생사이별한다.

② 대(帶)가 있으면 의지가 강하고 가정이 평안하다.

③ 왕(旺)이 있으면 여성은 배우자 복이 없다.

④ 양(養)이 있으면 부모를 모셔야 한다.

2. 12운성에 대한 설명이다. 맞는 것은?

① 묘(墓)는 죽어서 무덤에 묻히는 것이다.

② 욕(浴)은 왕성한 시기를 말한다.

③ 생(生)은 성인이 되는 것이다.

④ 쇠(衰)는 병이 드는 것을 말한다.

3. 공망(空亡)에 대한 설명이다. 틀린 것은?

① 공망살, 공방살, 천중살이라고도 한다.

② 공망은 충이나 합이 없을 때 제대로 발휘된다.

③ 합이나 충이 있으면 해공된다.

④ 공망이 있으면 수입이 들어온다.

4. 다음 중 바르지 않게 짝지어진 것은?

① 갑자순(甲子旬)은 戌亥공망

② 갑오순(甲午旬)은 辰巳공망

③ 갑인순(甲寅旬)은 子丑공망

④ 갑신순(甲申旬)은 寅卯공망

5. 공망(空亡)에 대한 설명이다. 틀린 것은?

① 연주공망은 초년 시절에 고생한다.

② 월주공망은 부부 관계가 안 좋다.

③ 시주공망은 말년이 고독하고 불우하다.

④ 일주공망은 배우자와 인연이 없다.

제3부

사주팔자 내에서 음양오행의 상생, 상극을 통하여 사주 당사자의 인간관계와 사회관계를 나타낸 것이다. 육친(六親)을 알면 그 사람의 성격과 사회성, 타고난 복을 알 수 있다. 이를 육신(六神)이라고도 한다. 부모, 형제, 배우자, 자식 등의 가족관계를 통틀어 일컬으며, 의식주, 재물, 명예, 학업, 부동산 등의 사회적 관계를 해석할 수 있는 도구다.

육친을 제대로 이해하면 직업, 적성, 사회성, 가족관계 등을 이해하고 통변하는 데 가장 적용이 잘된다. 육친에는 비견(比肩), 겁재(劫財), 식신(食神), 상관(傷官), 편재(偏財), 정재(正財), 편관(偏官), 정관(正官), 편인(偏印), 정인(正印)이 있다. 비견, 겁재를 묶어 비겁(比劫), 식신, 상관을 묶어 식상(食傷), 편재, 정재를 묶어 재성(財星), 편관, 정관을 묶어 관성(官星), 편인, 정인을 묶어 인성(印星)이라고 한다.
한편 육친이 10가지여서 십신(十神)이라고도 부른다.

어떤 서책이나 사주를 편협하게 상담하는 시각을 가지고 있는 사주쟁이들은 겁재, 상관, 편관, 편인은 4흉신이라고 해서 나쁘게만 판단하는 경우가 있는데, 어떤 육친은 좋고 어떤 육친은 나쁘다는 식의 통변은 매우 위험하다. 어떤 육친이든 장점과 단점을 가지고 있다.
육친이 힘이 있는가? 힘이 없는가? 육친이 과다하게 많은가를 놓고 사주 상담을 해야 한다. 육친이 힘이 있을 때는 그 육친의 장점이 나타나고, 힘이 없거나 너무 과하면 그 육친의 단점이 나타난다.

1) 육친의 별칭

원래 명칭	별 칭
비겁	양인살(羊刃殺, 陽刃殺)
식신	수복신(壽福神), 수성(壽星), 누기(漏氣)
상관	도기(盜氣)
편관	칠살(七殺)
편인	도식(倒食), 효신살(梟神殺)
정인	인수(印綬)

2) 육친의 종류

종 류	의 미
비견(比肩)	나(일간)와 오행이 같고 음양이 같은 것.
겁재(劫財)	나(일간)와 오행이 같고 음양이 다른 것.
식신(食神)	내(일간)가 생하고 음양이 같은 것.
상관(傷官)	내(일간)가 생하고 음양이 다른 것.
편재(偏財)	내(일간)가 극하고 음양이 같은 것.
정재(正財)	내(일간)가 극하고 음양이 다른 것.
편관(偏官)	나(일간)를 극하고 음양이 같은 것.
정관(正官)	나(일간)를 극하고 음양이 다른 것.
편인(偏印)	나(일간)를 생하고 음양이 같은 것.
정인(正印)	나(일간)를 생하고 음양이 다른 것.

※ 간명지에 사주를 적고 육친을 표기해보세요.

1. 여자 이○ · 양력 1975년 1월 21일 20시

	시 (時)	일 (日)	월 (月)	년 (年)	
					천간 (天干)
					지지 (地支)

오행 (五行)	木	火	土	金	水
육친 (六親)					

신살 (神殺)	

										대 운 (大運)

										세 운 (歲運)

2. 남자 조○ · 양력 1950년 6월 29일 21시

시 (時)	일 (日)	월 (月)	년 (年)	
				천간 (天干)
				지지 (地支)

오행 (五行)	木	火	土	金	水
육친 (六親)					

신살 (神殺)	

									대 운 (大運)

										세 운 (歲運)

3. 남자 오○ · 양력 1974년 1월 28일 9시

시 (時)	일 (日)	월 (月)	년 (年)	
				천간 (天干)
				지지 (地支)

오행 (五行)	木	火	土	金	水
육친 (六親)					

신살 (神殺)	

									대 운 (大運)

									세 운 (歲運)

4. 여자 김○ · 양력 1976년 8월 7일 1시 50분

시 (時)	일 (日)	월 (月)	년 (年)	
				천간 (天干)
				지지 (地支)

오행 (五行)	木	火	土	金	水
육친 (六親)					

신살 (神殺)	

								대 운 (大運)

								세 운 (歲運)

5. 여자 김○ · 양력 1995년 12월 5일 17시 45분

	시 (時)	일 (日)	월 (月)	년 (年)	
					천간 (天干)
					지지 (地支)

오행 (五行)	木	火	土	金	水
육친 (六親)					

신살 (神殺)	

									대 운 (大運)

										세 운 (歲運)

1. 육친(六親)에 대한 설명이다. 틀린 것은?

① 인간관계와 사회관계를 알 수 있다.

② 각자 타고난 복을 알 수 있다.

③ 육신(六神)이라고도 한다.

④ 겁재, 상관, 편관, 편인 4흉신은 무조건 안 좋다.

2. 다음 중 연결이 잘못된 것은?

① 비견-일간과 오행이 같고 음양이 같은 것.

② 상관-일간이 생하고 음양이 다른 것.

③ 편관-일간을 극하고 음양이 같은 것.

④ 정인-일간이 생하고 음양이 같은 것.

3. 다음 중 올바르게 설명한 것은?

① 일간이 생하고 음양이 같은 것은 식신이다.

② 일간과 오행이 같고 음양이 다른 것은 편인이다.

③ 일간이 극하고 음양이 같은 것은 정재이다.

④ 일간을 극하고 음양이 같은 정관이다.

23

십천간(十天干) 육친의 이해

1) 비견(比肩), 견줄 비, 어깨 견.

일간과 음양이 같고 오행도 같은 것.

일천간(日天干)	비견(比肩)
甲日	甲, 寅
乙日	乙, 卯
丙日	丙, 巳
丁日	丁, 午
戊日	戊, 辰, 戌
己日	己, 丑, 未
庚日	庚, 申
辛日	辛, 酉
壬日	壬, 亥
癸日	癸, 子

2) 겁재(劫財), 위협할 겁, 재물 재.

일간과 오행이 같고 음양이 다른 것.

일천간(日天干)	겁재(劫財)
甲日	乙, 卯
乙日	甲, 寅
丙日	丁, 午

丁日	丙, 巳
戊日	己, 丑, 未
己日	戊, 辰, 戌
庚日	辛, 酉
辛日	庚, 申
壬日	癸, 子
癸日	壬, 亥

3) 식신(食神) 밥 식, 귀신 신.

일간이 생하고 음양이 같은 것.

일천간(日天干)	식신(食神)
甲日	丙, 巳
乙日	丁, 午
丙日	戊, 辰, 戌
丁日	己, 丑, 未
戊日	庚, 申
己日	辛, 酉
庚日	壬, 亥
辛日	癸, 子
壬日	甲, 寅
癸日	乙, 卯

4) 상관(傷官) 상처 상, 벼슬 관.

일간이 생하고 음양이 다른 것.

일천간(日天干)	상관(傷官)
甲日	丁, 午
乙日	丙, 巳
丙日	己, 丑, 未
丁日	戊, 辰, 戌
戊日	辛, 酉
己日	庚, 申
庚日	癸, 子
辛日	壬, 亥
壬日	乙, 卯
癸日	甲, 寅

5) 편재(偏財) 치우칠 편, 재물 재.

일간이 극하고 음양이 같은 것.

일천간(日天干)	편재(偏財)
甲日	戊, 辰, 戌
乙日	己, 丑, 未
丙日	庚, 申
丁日	辛, 酉
戊日	壬, 亥
己日	癸, 子

庚日	甲, 寅
辛日	乙, 卯
壬日	丙, 巳
癸日	丁, 午

6) 정재(正財) 바를 정, 재물 재.

일간이 극하고 음양이 다른 것.

일천간(日天干)	정재(正財)
甲日	己, 丑, 未
乙日	戊, 辰, 戌
丙日	辛, 酉
丁日	庚, 申
戊日	癸, 子
己日	壬, 亥
庚日	乙, 卯
辛日	甲, 寅
壬日	丁, 午
癸日	丙, 巳

7) 편관(偏官) 치우칠 편, 벼슬 관.

일간을 극하고 음양이 같은 것.

일천간(日天干)	편관(偏官)
甲日	庚, 申
乙日	辛, 酉
丙日	壬, 亥
丁日	癸, 子
戊日	甲, 寅
己日	乙, 卯
庚日	丙, 巳
辛日	丁, 午
壬日	戊, 辰, 戌
癸日	己, 丑, 未

8) 정관(正官) 바를 정, 벼슬 관.

일간을 극하고 음양이 다른 것.

일천간(日天干)	정관(正官)
甲日	辛, 酉
乙日	庚, 申
丙日	癸, 子
丁日	壬, 亥
戊日	乙, 卯
己日	甲, 寅

庚日	丁, 午
辛日	丙, 巳
壬日	己, 丑, 未
癸日	戊, 辰, 戌

9) 편인(偏印) 치우칠 편, 찍힐 인.

일간을 생하고 음양이 같은 것.

일천간(日天干)	편인(偏印)
甲日	壬, 亥
乙日	癸, 子
丙日	甲, 寅
丁日	乙, 卯
戊日	丙, 巳
己日	丁, 午
庚日	戊, 辰, 戌
辛日	己, 丑, 未
壬日	庚, 申
癸日	辛, 酉

10) 정인(正印) 바를 정, 찍힐 인.

일간을 생하고 음양이 다른 것.

일천간(日天干)	정인(正印)
甲日	癸, 子
乙日	壬, 亥
丙日	乙, 卯
丁日	甲, 寅
戊日	丁, 午
己日	丙, 巳
庚日	己, 丑, 未
辛日	戊, 辰, 戌
壬日	辛, 酉
癸日	庚, 申

연습
문제

※ 간명지에 사주를 적고 육친을 표기해보세요.

1. 남자 유○ · 음력 1975년 2월 7일 17시

시 (時)	일 (日)	월 (月)	년 (年)	
				천간 (天干)
				지지 (地支)

오행 (五行)	木	火	土	金	水
육친 (六親)					

신살 (神殺)	

									대 운 (大運)

									세 운 (歲運)

2. 남자 배○ · 음력 1984년 10월 9일 10시 45분

시 (時)	일 (日)	월 (月)	년 (年)	
				천간 (天干)
				지지 (地支)

오행 (五行)	木	火	土	金	水
육친 (六親)					

신살 (神殺)	

									대 운 (大運)

									세 운 (歲運)

3. 여자 강○ · 음력 1981년 3월 22일 4시

	시 (時)	일 (日)	월 (月)	년 (年)	
					천간 (天干)
					지지 (地支)

오행 (五行)	木	火	土	金	水
육친 (六親)					

신살 (神殺)	

										대 운 (大運)

										세 운 (歲運)

4. 여자 오○ · 양력 1999년 12월 22일 10시 50분

시 (時)	일 (日)	월 (月)	년 (年)	
				천간 (天干)
				지지 (地支)

오행 (五行)	木	火	土	金	水
육친 (六親)					

신살 (神殺)	

										대 운 (大運)

										세 운 (歲運)

5. 여자 이○ · 음력 1954년 7월 3일 9시

시 (時)	일 (日)	월 (月)	년 (年)	
				천간 (天干)
				지지 (地支)

오행 (五行)	木	火	土	金	水
육친 (六親)					

신살 (神殺)	

									대 운 (大運)

									세 운 (歲運)

1. 갑(甲)木 일간에 편재(偏財)는?

　① 己, 丑. 未　② 丙, 巳　③ 壬, 亥　④ 戊, 辰, 戌

2. 경(庚)金 일간에 정인(正印)은?

　① 丁, 午　② 辛, 酉　③ 己, 丑, 未　④ 甲, 寅

3. 임(壬)水 일간에 식신(食神)은?

　① 壬, 亥　② 甲, 寅　③ 丁, 午　④ 庚, 申

4. 병(丙)火 일간에 정관(正官)은?

　① 癸, 子　② 乙, 卯　③ 戊, 辰, 戌　④ 辛, 酉

5. 기(己)土 일간에 비견(比肩)은?

　① 壬, 亥　② 乙, 卯　③ 己, 丑, 未　④ 庚, 申

24

육친의 이해 I

1) 인간관계

육 친	남 자	여 자
비겁(比劫)	같은 남자, 동료, 형제, 선후배, 친구, 동업자	같은 여자, 동료, 형제, 친구, 시댁 식구
식상(食傷)	아랫사람	아랫사람, 자식
재성(財星)	아버지, 부인, 여자	아버지, 나이 차이 많은 남자
관성(官星)	자식	남편
인성(印星)	어머니	어머니

※ 간명지에 사주를 적고 육친을 표기해보세요.

1. 남자 강○ · 양력 2001년 10월 31일 13시

시 (時)	일 (日)	월 (月)	년 (年)	
				천간 (天干)
				지지 (地支)

오행 (五行)	木	火	土	金	水
육친 (六親)					

신살 (神殺)	

									대 운 (大運)

									세 운 (歲運)

2. 여자 이○ · 양력 2001년 11월 14일 15시

시 (時)	일 (日)	월 (月)	년 (年)	
				천간 (天干)
				지지 (地支)

오행 (五行)	木	火	土	金	水
육친 (六親)					

신살 (神殺)	

										대 운 (大運)

										세 운 (歲運)

3. 여자 홍○ · 음력 1960년 7월 14일 5시

	시 (時)	일 (日)	월 (月)	년 (年)	
					천간 (天干)
					지지 (地支)

오행 (五行)	木	火	土	金	水
육친 (六親)					

신살 (神殺)	

									대 운 (大運)

									세 운 (歲運)

4. 남자 조○ · 음력 1970년 10월 30일 16시

	시 (時)	일 (日)	월 (月)	년 (年)	
					천간 (天干)
					지지 (地支)

오행 (五行)	木	火	土	金	水
육친 (六親)					

신살 (神殺)	

									대 운 (大運)

									세 운 (歲運)

5. 남자 홍○ · 음력 1998년 3월 17일 17시 5분

	시 (時)	일 (日)	월 (月)	년 (年)	
					천간 (天干)
					지지 (地支)

오행 (五行)	木	火	土	金	水
육친 (六親)					

신살 (神殺)	

									대 운 (大運)

									세 운 (歲運)

1. 비겁에 대한 설명이다. 맞는 것은?

① 직장 동료　　　　② 남편

③ 아랫사람　　　　④ 자식

2. 식상에 대한 설명이다. 맞는 것은?

① 남자는 어머니다.　　② 형제이다.

③ 동업자다.　　　　④ 여자는 자식이다.

3. 관성에 대한 설명이다. 맞는 것은?

① 여자는 남편이다.　　② 남자는 선후배다.

③ 여자는 자식이다.　　④ 남자는 부인이다.

4. 재성에 대한 설명이다. 맞는 것은?

① 남자는 어머니다.　　② 여자는 아랫사람이다.

③ 남자는 부인이다.　　④ 여자는 친구다.

5. 인성에 대한 설명이다. 맞는 것은?

① 남자는 어머니다.　　② 여자는 아버지다.

③ 남자는 자식이다.　　④ 여자는 남편이다.

육친의 이해 II

1) 육친의 사회성

육친	사회성
비겁(比劫)	인간관계, 대인관계, 사람을 상대로 하는 일, 재능을 파는 직업
식상(食傷)	의식주 복, 말하는 것. 먹는 것. 노래하는 것
재성(財星)	재물 복, 아버지 복, 부인 복, 돈 관계된 직업, 자영업.
관성(官星)	직업 복, 성공 운. 자식 복, 남편 복.
인성(印星)	어머니 복, 공부, 문서, 인복, 자격증, 유산상속, 부동산

※ 간명지에 사주를 적고 육친을 표기해보세요.

1. 여자 황○ · 음력 1990년 12월 27일 0시 50분

	시 (時)	일 (日)	월 (月)	년 (年)	
					천간 (天干)
					지지 (地支)

오행 (五行)	木	火	土	金	水
육친 (六親)					

신살 (神殺)	

										대 운 (大運)

										세 운 (歲運)

2. 남자 유○ · 음력 1989년 6월 19일 0시 37분

시 (時)	일 (日)	월 (月)	년 (年)			木	火	土	金	水
				천간 (天干)	오행 (五行)					
					육친 (六親)					
				지지 (地支)	신살 (神殺)					

									대 운 (大運)

									세 운 (歲運)

3. 여자 이○ · 양력 1999년 8월 14일 13시

	시 (時)	일 (日)	월 (月)	년 (年)	
					천간 (天干)
					지지 (地支)

오행 (五行)	木	火	土	金	水
육친 (六親)					

신살 (神殺)	

									대 운 (大運)

									세 운 (歲運)

4. 여자 정○ · 음력 1973년 3월 20일 0시 46분

	시 (時)	일 (日)	월 (月)	년 (年)	
					천간 (天干)
					지지 (地支)

오행 (五行)	木	火	土	金	水
육친 (六親)					

신살 (神殺)	

										대 운 (大運)

										세 운 (歲運)

5. 남자 이○ · 양력 2003년 6월 24일 7시 50분

시 (時)	일 (日)	월 (月)	년 (年)	
				천간 (天干)
				지지 (地支)

오행 (五行)	木	火	土	金	水
육친 (六親)					

신살 (神殺)	

										대 운 (大運)

										세 운 (歲運)

1. 비겁(比劫)에 대한 설명이다. 틀린 것은?

① 재능을 파는 직업이 좋다.　② 사람을 상대로 하는 일이 좋다.

③ 재물 복을 의미한다.　④ 대인관계를 의미한다.

2. 식상(食傷)에 대한 설명이다. 틀린 것은?

① 의식주 복이다.　② 여자의 경우 자식 복을 의미한다.

③ 말하는 것, 먹는 것이다.　④ 남자의 경우 성공 운이다.

3. 재성(財星)에 대한 설명이다. 틀린 것은?

① 아버지 복이다.　② 남자의 경우 부인 복이다.

③ 재물 복이다.　④ 여자의 경우 남편 복이다.

4. 관성(官星)에 대한 설명이다. 틀린 것은?

① 성공 운이다.　② 여자의 경우 남편 복이다.

③ 남자의 경우 자식 복이다.　④ 문서운이다.

5. 인성(印星)에 대한 설명이다. 틀린 것은?

① 어머니 복이다.　② 부동산이다.

③ 자영업자이다.　④ 인복이다.

26

육친의 이해 III

1) 육친의 성격

육친	성격
비겁(比劫)	사람을 좋아한다. 칭찬주의자, 자존감, 고집이 세다. 재물을 만지면 안 된다. 보증의 달인, 본인의 끼와 재능을 파는 직업, 사회생활이 쉽지 않다.
식상(食傷)	말을 잘한다. 식복이 있다. 최고의 참모진이다. 직업을 자주 바꾼다. 창의력, 아이디어가 굉장히 많다.
재성(財星)	사람과 부드러운 관계성을 잘 갖는다. 놀기를 좋아한다. 돈, 수학적 기질이 빌달되이 있다. 남자의 경우 주위에 여자가 많다. 사업, 자영업을 항상 꿈꾼다.
관성(官星)	명예욕, 리더십, 카리스마, 성공지향적, 사회생활을 잘한다. 책임감이 강하다. 마당발, 전국구, 모임이 많다. 정치적이다. 일인자의 꿈을 항상 꾼다.
인성(印星)	공부하는 직업, 유산 상속, 어머니와의 관계, 귀인이 많다. 인복이 좋다. 모성본능, 인성이 좋다. 자격증을 많이 딴다. 문서 잡는 것을 좋아한다.

※ 간명지에 사주를 적고 육친을 표기해보세요.

1. 남자 문○ · 음력 1992년 6월 13일 9시 55분

시 (時)	일 (日)	월 (月)	년 (年)	
				천간 (天干)
				지지 (地支)

오행 (五行)	木	火	土	金	水
육친 (六親)					

신살 (神殺)	

								대 운 (大運)

								세 운 (歲運)

2. 여자 김○ · 음력 1987년 1월 17일 4시

	시 (時)	일 (日)	월 (月)	년 (年)	
					천간 (天干)
					지지 (地支)

오행 (五行)	木	火	土	金	水
육친 (六親)					

신살 (神殺)	

									대 운 (大運)

									세 운 (歲運)

3. 남자 최○ · 음력 1976년 5월 14일 20시

	시 (時)	일 (日)	월 (月)	년 (年)	
					천간 (天干)
					지지 (地支)

오행 (五行)	木	火	土	金	水
육친 (六親)					

신살 (神殺)	

							대 운 (大運)

									세 운 (歲運)

4. 남자 이○ · 음력 1994년 3월 1일 10시

	시 (時)	일 (日)	월 (月)	년 (年)	
					천간 (天干)
					지지 (地支)

오행 (五行)	木	火	土	金	水
육친 (六親)					

신살 (神殺)	

									대 운 (大運)

									세 운 (歲運)

연습문제

5. 남자 이○ · 음력 1956년 10월 18일 8시

	시 (時)	일 (日)	월 (月)	년 (年)	
					천간 (天干)
					지지 (地支)

오행 (五行)	木	火	土	金	水
육친 (六親)					

신살 (神殺)	

									대 운 (大運)

									세 운 (歲運)

1. 비겁(比劫)의 성격으로 틀린 것은?

① 인복이 좋다.   ② 자존감이 강하다.

③ 보증의 달인이다.   ④ 사람을 좋아한다.

2. 식상(食傷)의 성격으로 틀린 것은?

① 식복이 있다.   ② 최고의 참모진이다.

③ 직업을 자주 바꾼다.   ④ 책임감이 강하다.

3. 재성(財星)의 성격으로 틀린 것은?

① 돈, 수학적 기질이 발달되어 있다.   ② 주위에 여자가 많다.

③ 사업, 자영업을 꿈꾼다.   ④ 문서 잡는 것을 좋아한다.

4. 관성(官星)의 성격으로 틀린 것은?

① 명예욕, 리더십이 있다.   ② 유산 상속을 많이 받는다.

③ 정치욕이 있다.   ④ 항상 일인자의 꿈을 꾼다.

5. 인성(印星)의 성격으로 틀린 것은?

① 공부하는 직업이 좋다.   ② 인복이 좋다.

③ 아이디어가 굉장히 많다.   ④ 자격증을 많이 취득한다.

27

사주 보기

사주 상담(통변)의 순서

1. 음양을 본다.

2. 오행을 본다.

3. 물상, 일간을 본다.

4. 합, 충을 본다(건강).

5. 신살을 본다.

6. 육친을 본다(직업, 성격, 타고난 육친 복).

7. 궁성(근묘화실)을 본다.

8. 대운을 본다.

9. 세운을 본다.

1. 남자 양력 1976년 8월 23일 14시

시 (時)	일 (日)	월 (月)	년 (年)	
				천간 (天干)
				지지 (地支)

오행 (五行)	木	火	土	金	水
육친 (六親)					

신살 (神殺)	

										대 운 (大運)

										세 운 (歲運)

2. 여자 양력 1965년 10월 28일 7시

	시 (時)	일 (日)	월 (月)	년 (年)	
					천간 (天干)
					지지 (地支)

오행 (五行)	木	火	土	金	水
육친 (六親)					

신살 (神殺)	

										대 운 (大運)

										세 운 (歲運)

3. 여자 음력 1960년 3월 7일 19시 40분

시 (時)	일 (日)	월 (月)	년 (年)	
				천간 (天干)
				지지 (地支)

오행 (五行)	木	火	土	金	水
육친 (六親)					

신살 (神殺)	

									대 운 (大運)

									세 운 (歲運)

4. 남자 양력 1996년 5월 20일 16시 24분

	시 (時)	일 (日)	월 (月)	년 (年)	
					천간 (天干)
					지지 (地支)

오행 (五行)	木	火	土	金	水
육친 (六親)					

신살 (神殺)	

								대 운 (大運)

								세 운 (歲運)

5. 남자 양력 1992년 1월 24일 10시 28분

시 (時)	일 (日)	월 (月)	년 (年)			오행 (五行)	木	火	土	金	水
					천간 (天干)						
						육친 (六親)					
					지지 (地支)	신살 (神殺)					

										대 운 (大運)

										세 운 (歲運)

1. 남자 (양력) 2000년 2월 9일 오전 8시 사주를 세우시오.

시 (時)	일 (日)	월 (月)	년 (年)	
				천간 (天干)
				지지 (地支)

오행 (五行)	木	火	土	金	水
육친 (六親)					

신살 (神殺)	

								대 운 (大運)

								세 운 (歲運)

2. 위 사주에서 음양과 오행에 대해서 서술하시오.

3. 위 사주에서 물상(物像), 일간에 대해서 서술하시오.

4. 위 사주에서 육친에 대해서 서술하시오.

5. 위 사주에서 건강에 대해서 서술하시오.

28

채용하는 격국(格局) I

그릇, 그 사람의 장점, 특성, 개성, 성격, 적성을 알 수 있다. 규격과 국세를 의미한다. 크게 내격과 외격으로 구분한다. 내격을 정격(定格) 또는 정격(正格)이라고 부르고 외격을 별격(別格) 또는 특수격이라고 부르기도 한다.

1) 내격

십격, 십정격을 채용한다. 비견, 겁재, 식신, 상관, 편재, 정재, 편관, 정관, 편인, 정인이다. 월지의 지장간을 연월시 천간과 대조하여 해당 육친의 명칭을 붙인다.

월지 지장간의 1순위 정기, 2순위 중기, 초기 순으로 정하고 천간에 하나도 없는 경우는 월지 자체가 격이 된다. 비견과 겁재와 팔격이 함께 있는 경우는 팔격을 우선으로 한다.

구 분		子	丑	寅	卯	辰	巳	午	未	申	酉	戌	亥
여기 (餘氣)	지장간	壬	癸	戊	甲	乙	戊	丙	丁	戊	庚	辛	戊
	일수	10	9	7	10	9	7	10	9	7	10	9	7
중기 (中氣)	지장간		辛	丙		癸	庚	己	乙	壬		丁	甲
	일수		3	7		3	7	9	3	7		3	7
정기 (正氣)	지장간	癸	己	甲	乙	戊	丙	丁	己	庚	辛	戊	壬
	일수	20	18	16	20	18	16	11	18	16	20	18	16

① 비견격

월지 지장간의 육친이 비견에 해당하는 경우다. 비견격은 대인관계가 좋고, 사람을 상대하는 직업이 좋다. 자존심이 강하고 리더십도 어느 정도 있다. 자립심이 강하고 새로운 일에 대한 의욕이 강하다.

戊	丙	丙	壬
子	戌	午 (정기병)	寅

월지 오의 지장간 정기병 중에서 2순위 병화가 월간에 투간되어 있어 비견격이다.

② 겁재격

월지 지장간 중에서 겁재가 투간되어 있는 경우다. 비견격과 동일한 특징을 가진다.

甲	乙	丙	辛
申	丑	寅 (갑병무)	亥

월지 인월의 지장간 갑병무 중 갑목이 투간되어 있으므로 겁재격이다.

③ 식신격

식신은 언어능력, 말, 먹는 것과 관련된다. 말하는 직업이 적성에 맞고 특히 TV나 언론 매체가 발달된 요즘은 식신격이 유망하다.

또한 의식주를 주관하기 때문에 식신이 발달된 사람은 의식주가 풍족하다. 어디를 가든 먹을 복이 있고, 평생 의식주 걱정은 안 하고 산다. 식신격은 성격이 안정적이고 자신을 낮추면서 상대방을 배려하기 때문에 타인들로부터 호감을 얻는 타입이다.

자신을 크게 드러내지 않으면서 꾸준하게 발전해나가는 직업이 잘 어울린다.

壬	丙	戊	甲
戌	辰	辰 (무계을)	子

월지 진월의 지장간 무계을 중에서 무토가 월간에 투간되어 식신격이 되었다.

④ 상관격

상관은 계획성이 있고 반짝이는 아이디어가 풍부하며 기획력이 탁월하다. 활동적이고 언어 능력이 있으며, 의식주가 풍족하다.

식신에 비해 활동적이고 적극적이지만, 배짱이나 돌파력은 약하다. 총명하고 재주가 있으며, 사무국장이나 기획실장 또는 학자나 선비의 기질이 있다.

자극받거나 억압을 받아도 미래를 위해 참는다.

명예를 중시하고 자신을 낮추며 전체를 이끈다.

계획적인 면과 자유로운 면을 모두 가지고 있다.

甲	癸	乙	己
寅	未	亥 (임갑무)	卯

지장간 임갑무 중에서 갑목이 시간에 투간되어 상관격이다.

⑤ 편재격

편재는 타인과의 관계를 편안하게 주도해나가는 타입이라 누구하고도 쉽게 사귄다. 평소에는 부드럽고 안정적인 타입이지만, 자리가 주어지면 신바람이 넘치는 끼 있는 사람이다.

상대를 배려하고 앞장서며 솔선수범하는 봉사 정신이 투철하다. 재물도 꾸준히 들어오므로 경제적으로 큰 어려움 없이 산다고 볼 수 있다.

순박하면서도 은근히 고집이 있고 노력하는 타입이다.

연예인 기질이 있고, 유머 감각이 매우 탁월하여 대중을 사로잡는 타입이다.

辛	乙	丁	己
巳	未	丑 (기신계)	酉

월지 축의 지장간 기신계 중에서 1순위인 기토가 연간에 투간되어 편재격이다.

⑥ 정재격

정재격은 은근한 고집이 있고, 안정적이고 객관적인 판단으로 자신의 생각과 행동을 하나씩 꾸준히 실천해나가는 타입이다. 현실적이고 모험을 시도하지 않으며 자신의 생각이나 행동을 주변과 조화시켜 나가면서 원만한 대인관계를 유지한다.

선비의 기질과 학자적인 인품을 가지고 있으며, 섬세하고 세밀하게 생각하고 감성보다 이성이 발달하였고 합리적인 면이 강하다.

계획적으로 생각하고 보수적이며 가정적인 성격이다. 명예를 중시하고 통찰력이 뛰어나며, 자신의 인생을 단계별로 구축해나간다.

이성적인 판단력이 뛰어나고 지구력과 인내력이 강하다.

새로운 것을 기획하거나 계획하는 능력은 있지만, 자신이 독립하여 처음부터 끝까지 완성해내고 그것을 수익으로 창출하는 데는 배짱이 부족하다.

사주가 균형이 잡혀 있고 정재가 발달되어 있으면 시작부터 마무리까지 충분히 잘 해낸다.

정을 주면 쉽게 배신하지 않지만, 한번 싫어하면 얼굴빛이 쉽게 변한다. 인간성이 나쁘다고 생각되면 절대로 그 사람과 친해지지 못한다.

己	庚	乙	癸
卯	申	卯 (을갑)	亥

월지 묘의 1순위인 을목이 월천간에 투간되어 정재격이다.

⑦ 편관격

편관격은 대인관계가 매우 원만하고, 명예욕이 있어서 자신에게 일을 맡겨주고 믿어주면 2배의 능력을 발휘한다. 자신의 목표가 있으면 사람들과 원만한 관계를 유지하면서 그들의 힘을 빌려서 목표를 성취해나간다.

큰 것을 얻기 위해서는 사소한 자존심이나 명예 손상을 감수하고도 끝까지 밀고 나간다. 목표를 설정하고 성과를 거두기 위해서 꾸준히 노력한다.

판단력과 대처능력 그리고 재치가 매우 뛰어나다.

고집이 매우 세고, 타인과 비교당하는 것을 싫어하며, 누군가에게 명령을 받으면 다른 사람보다 스트레스가 심하다.

미래에 대한 열정과 목표의식이 뚜렷하여 성취도가 높다. 일과 조직에서 뛰어난 행정 능력을 발휘하는 타입이므로 책임자의 자리에 오르는 경우가 많다.

융통성, 적극성, 추진력, 원만한 대인관계, 배짱, 자유주의자로 종합할 수 있다.

己	己	癸	乙
巳	丑	未 (기을정)	巳

월지 미의 지장간 기을정 중에 을목이 천간에 투간되어 있다. 1순위 기토는 비견이므로, 2순위 을목을 우선으로 격을 잡는다. 을목이 편관이므로 편관격이다.

⑧ 정관격

정관격은 감정이 섬세하고 명예를 소중하게 생각하며, 진리와 정의 그리고 인간적인 면에 관심이 많다. 새로운 공간에 적응하기 어렵고, 새로운 사람을 만날 때도 처음에는 매우 어색해한다. 그러나 한번 정을 주면 쉽게 배신하지 않는 의리파다.

불쌍하다고 생각하거나 마음이 착하다고 느끼는 사람에게는 인정을 베풀고 너그럽게 대하고 봉사 정신이 투철하다.

선비적인 성품과 학자적인 성품을 지니고 있어서 은근한 끈기가 있고, 삶의 희망을 버리지 않고 지켜나간다.

다양한 인물을 한꺼번에 만나는 것보다 일대일 만남을 즐기고, 주위 사람들에게 조언을 잘 해주므로 상담을 요청하는 사람들이 많다.

스스로 가치를 느끼고 시작한 일에는 목숨을 바칠 만큼 각오가 대단한 타입이다. 이해심이 많고 관대하여 개방적이다.

순박한 성격의 소유자이며, 다양한 이론을 섭렵하고 있지만 쓸데없는 걱정이 많은 것이 단점이다.

사려 깊고 온화하며 점잖은 성격이므로 착한 사람이란 평판을 듣지만, 남의 지시를 따르기보다는 자신의 의지대로 자유롭게 행동하거나 자유로운 직업을 가지는 것이 좋다.

丁	庚	壬	乙
亥	子	午 (정기병)	卯

월지 오의 지장간 정기병 중에서 1순위 정화가 시간에 투간되어 정관격이다.

⑨ 편인격

어떤 한 분야에 독특한 재능을 가지고 있는 경우가 많다. 한 마디로 끼가 있는 사람이다. 인간은 누구나 끼를 가지고 있지만, 그 종류는 각기 다르고 사람마다 자신의 끼를 발휘하는 정도도 서로 다르다.

직업 중에서 예술가, 연예인, 의료인, 엔지니어, 체육인, 종교인 등은 끼가 있을 때 자신의 능력을 발휘할 수 있다. 이러한 끼는 단순히 공부를 잘하는 것과는 다르다. 즉 누구나 해야 하는 수학, 국어, 역사, 경제 등을 공부하여 가질 수 있는 것이 아닌 그 사람만의 독특한 재능이다.

편인격은 자비롭고 덕망이 있으며 포용력이 있다.

학자 타입으로 감정을 능수능란하게 표현하지는 못하지만, 주어진 상황에서 탁월하다.

壬	甲	癸	戊
申	午	亥 (임갑무)	午

월지 해의 지장간 임갑무 중에서 1순위 임수가 시천간에 투간되어 편인격이다.

⑩ 정인격

정인격은 따뜻한 마음의 소유자로 덕망이 있고 자비로우며 생각의 폭이 넓은 타입이다. 모성본능이 강하고 여린 성격이며 다른 사람의 칭찬에 민감하다. 누군가가 인정해주고 칭찬해주면 2배의 능력을 발휘하다.

총명하고 감각이 빠르다.

소심하고 내성적이며 타인에 대한 배려가 깊고 동정심이 많다.

가까운 사람들을 즐겁고 기쁘게 해주기 위해 노력한다.

즉흥적이고 계획성이 부족하며 배짱이 부족한 것 같지만 배움에 대한 열정이 매우 강하고 상상력이 뛰어나다. 단, 어려운 상황에 처하면 잘 대처하지 못하고 극한 상황에서는 스트레스를 많이 받는다. 주위 사람들의 비판에 쉽게 상처받는다.

다양한 인맥을 쌓기보다 혼자 있거나 사람들이 적은 공간을 선호하고 고독을 즐기는 편이다.

타인의 마음을 간파하는 능력이 탁월하여 상담가의 기질이 있다.

한번 시작한 일을 꾸준히 밀고 나가 완성해낸다.

항상 예의 바르고 품위를 유지하려고 노력한다.

癸	甲	庚	乙
酉	申	辰 (무계을)	丑

진월의 지장간 무계을중에서 2순위인 계수가 시간에 투간되어 정인격이다.

말하는 직업이 적성에 맞다.

1. 내격(內格)에 대한 설명 중 틀린 것은?

① 비견격은 대인관계가 좋고 사람을 상대하는 직업이 좋다.

② 상관격은 아이디어가 좋고 기획력이 탁월하다.

③ 정재격은 안정적이고 객관적인 판단을 한다.

④ 편인격은 정의, 진리 인간적인 면에 관심이 많다.

2. 내격 정인격(正印格)에 대한 설명 중 틀린 것은?

① 따뜻한 마음의 소유자이다.　　　② 모성 본능이 강하다.

③ 칭찬해주면 2배의 능력을 발휘한다.　④ 재치가 뛰어나다.

3. 내격 편관격(偏官格)에 대한 설명 중 틀린 것은?

① 명예욕이 있다.　② 목표를 설정하고 꾸준히 노력한다.

③ 누군가에게 명령을 받으면 스트레스가 심하다.　④ 다른 사람에게 조언을 잘해준다.

4. 내격 식신격(食神格)에 대한 설명 중 틀린 것은?

① 말하는 직업이 적성에 맞다.　　② 어딜 가도 먹을 복이 있다.

③ 평생 의식주 걱정은 안 하고 산다.　④ 유머 감각이 매우 뛰어나다.

5. 내격 정재격(정재격)에 대한 설명 중 맞는 것은?

① 끼가 있는 사람이다.　　　　　② 예술가, 연예인이 많다.

③ 선비 기질과 학자적인 성품을 가지고 있다.　④ 즉흥적이고 계획성이 부족하다.

29

채용하는 격국 II

1) 외격(外格)

① 종격

사주 내에 한 오행이 대부분인 경우다.

목종격, 화종격, 토종격, 금종격, 수종격이 있다.

• 목종격

목으로 편중되어 있고, 곡직격(曲直格)이라고도 부른다.

丁	甲	丙	甲
卯	寅	寅	午

• 화종격

화로 편중되어 있고, 염상격(炎上格)이라고도 부른다.

丙	丁	丙	丁
午	未	午	未

• 토종격

토로 편중되어 있고, 가색격(稼穡格)이라고도 부른다.

戊	甲	戊	丙
辰	辰	戌	申

• **금종격**

금으로 편중되어 있고, 종혁격(從革格)이라고도 부른다.

乙	庚	申	癸
酉	申	酉	丑

• **수종격**

수로 편중되어 있고, 윤하격(潤下格)이라고도 부른다.

辛	丁	壬	壬
亥	亥	子	寅

② 육친 종격

사주 내에 세력이 강한 육친으로 따라가는 것이다.

• **종왕격**

사주 내에서 비견, 겁재가 대부분이다.

壬	丁	丙	丁
寅	巳	午	未

• **종아격**

사주 내에서 식신, 상관이 대부분이다.

甲	丁	壬	辛
辰	丑	辰	丑

• 종재격

사주 내에 재성이 대부분이다.

丁	癸	乙	丙
巳	巳	未	午

• 종관격

사주 내에 관성이 대부분이다.

甲	戊	壬	壬
寅	寅	寅	寅

• 종강격

사주 내에 인성이 대부분이다.

丁	庚	丙	戊
丑	戌	辰	申

• 종식재격(종식재왕격)

사주 내에 식상과 재성이 대부분이다.

庚	丁	庚	庚
戌	酉	辰	寅

• 종재관격(종재관왕격)

사주 내에 재성과 관성이 대부분이다.

庚	丁	戊	庚
子	酉	子	子

• 종강왕격(종인비왕격)

사주 내에 비겁과 인성이 대부분이다.

乙	丁	癸	壬
巳	巳	卯	寅

• 종세격

사주 내에 식상, 재성, 관성이 대부분이다.

甲	癸	戊	丁
寅	丑	申	未

③ 왕왕격

• 신왕식상왕격

사주 내에 인성과 비겁이 반 정도의 세력이고, 식상이 반 정도의 세력이다.

壬	癸	乙	癸
子	亥	卯	卯

• 신왕재왕격

사주 내에 인성과 비겁이 반 정도의 세력이고, 재성이 반 정도의 세력이다.

庚	癸	丁	甲
申	巳	丑	午

• 신왕관왕격

사주 내에 인성과 비겁이 반 정도의 세력이고, 관성이 반 정도의 세력이다.

丙	丁	辛	壬
午	卯	亥	寅

• 신왕식재왕격

사주 내에 인성과 비겁이 반이고, 식상과 재성이 반으로 균형을 이룬 것을 말한다.

丁	庚	丁	乙
丑	申	亥	卯

• 신왕재관왕격

사주 내에 인성과 비겁이 반이고, 재성과 관성이 반으로 균형을 이룬 것을 말한다.

壬	丙	壬	甲
辰	申	申	寅

• **신왕식재관왕격**

사주 내에 인성과 비겁이 반이고, 식상, 재성, 관성이 반으로 균형을 이룬 것을 말한다.

丁	己	辛	庚
卯	亥	巳	戌

④ 일위귀격

사주원국에 월간이나 시간이나 시지에 해당하는 오행과 다른 오행의 관계를 보고 격을 정한다. 월상, 시상, 시하 각각 월상일위귀격, 시상일위귀격, 시하일위귀격으로 구분한다.

〔시상일위귀격〕

내격의 십정격과 내용이 같다.

• **시상일위 비견격**

丙	丙	乙	乙
申	申	酉	卯

• **시상일위 겁재격**

丁	丙	辛	辛
酉	辰	卯	丑

• **시상일위 식신격**

丁	乙	戊	己
丑	亥	辰	亥

• 시상일위 상관격

壬	辛	甲	辛
辰	酉	午	未

• 시상일위 편재격

甲	庚	辛	丁
申	戌	亥	未

• 시상일위 정재격

辛	丙	丙	癸
卯	子	辰	亥

• 시상일위 편관격

戊	壬	甲	乙
午	寅	申	卯

• 시상일위 정관격

癸	丙	辛	戊
巳	戌	酉	午

• 시상일위 편인격

甲	丙	丙	丙
午	申	申	子

• 시상일위 정인격

己	庚	丁	乙
卯	申	亥	亥

〔시하일위귀격〕

내격의 십정격과 내용이 같다.

• 시하일위 비견격

癸	丙	己	壬
巳	申	酉	申

• 시하일위 겁재격

乙	庚	戊	己
酉	戌	辰	巳

• 시하일위 식신격

己	甲	癸	甲
巳	子	酉	子

• 시하일위 상관격

庚	甲	辛	癸
午	寅	酉	亥

• 시하일위 편재격

戊	庚	戊	壬
寅	辰	申	戌

• 시하일위 정재격

乙	甲	丁	辛
丑	午	酉	酉

• 시하일위 편관격

辛	庚	庚	庚
巳	辛	辰	申

• 시하일위 정관격

癸	甲	丁	戊
酉	戌	巳	午

• 시하일위 편인격

庚	丙	己	癸
寅	辰	未	丑

• 시하일위 정인격

戊	戊	辛	辛
午	戌	卯	亥

〔월상일위귀격〕

내격의 십정격과 내용이 같다.

• 월상일위 비견격

辛	甲	甲	壬
未	戌	辰	子

• 월상일위 겁재격

辛	壬	癸	己
丑	寅	酉	酉

• 월상일위 식신격

甲	戊	庚	丙
寅	戌	子	辰

・월상일위 상관격

丙	癸	甲	癸
辰	未	子	亥

・월상일위 편재격

戊	辛	乙	壬
子	丑	巳	戌

・월상일위 정재격

戊	丙	辛	乙
戌	戌	巳	卯

・월상일위 편관격

甲	庚	丙	甲
申	辰	子	子

・월상일위 정관격

丙	丁	壬	戊
午	巳	戌	午

• 월상일위 편인격

丁	辛	己	丁
巳	酉	亥	卯

• 월상일위 정인격

辛	己	丙	己
未	卯	子	丑

⑤ 발달격

• 비견발달격

壬	辛	乙	庚
辰	酉	酉	寅

• 겁재발달격

甲	乙	甲	甲
申	巳	戌	午

• 식신발달격

戊	丙	戊	辛
戌	子	戌	丑

• 상관발달격

辛	戊	己	壬
酉	辰	酉	寅

• 편재발달격

癸	辛	辛	丙
卯	巳	卯	午

• 정재발달격

丁	癸	辛	乙
巳	亥	巳	卯

• 편관발달격

壬	甲	壬	己
申	子	申	未

• 정관발달격

癸	甲	辛	癸
酉	寅	酉	亥

• 편인발달격

庚	己	甲	丙
午	亥	午	寅

• 정인발달격

己	壬	丁	辛
酉	寅	酉	未

⑥ 삼합격

· 비겁삼합격

지지 방합이나 삼합이 모두 비겁과 같은 오행이다.

己	乙	癸	乙
卯	亥	未	卯

· 식상삼합격

지지 방합이나 삼합이 모두 식상의 오행이다.

壬	己	丙	乙
申	酉	戌	未

· 재성삼합격

지지 방합이나 삼합이 모두 재성의 오행이다.

戊	癸	癸	丁
午	巳	卯	未

· 관성삼합격

지지 방합이나 삼합이 모두 관성의 오행이다.

辛	乙	丁	己
巳	未	丑	酉

• 인성삼합격

지지 방합이나 삼합이 모두 인성의 오행이다.

丁	丁	辛	壬
未	卯	亥	辰

1. 종격(從格)에 대한 설명이다. 틀린 것은?

① 목종격, 화종격, 토종격, 금종격, 수종격이 있다.

② 목종격을 곡직격이라고도 한다.

③ 화종격을 염상격이라고도 한다.

④ 금종격을 윤하격이라고도 한다.

2. 육친종격에 대한 설명이다. 틀린 것은?

① 종아격은 사주 내 대부분이 식신, 상관이다.

② 종관격은 사주 내 대부분이 비견, 겁재다.

③ 종강격은 사주 내 대부분이 인성이다.

④ 종재격은 사주 내 대부분이 재성이다.

3. 왕왕격에 대한 설명이다. 바른 것은?

① 신왕재왕격은 인성, 비겁이 반이고, 식상이 반으로 균형 잡혀 있다.

② 신왕관왕격은 인성, 비겁이 반이고, 관성이 반으로 균형 잡혀 있다.

③ 신왕재관왕격은 인성, 비겁이 반이고, 재성이 반으로 균형 잡혀 있다.

④ 신왕식재관왕격은 인성, 비겁이 반이고, 인성이 반으로 균형 잡혀 있다.

4. 일위귀격이 아닌 것은?

① 월상일위귀격   ② 시상일위귀격   ③ 시하일위귀격   ④ 월하일위귀격

5. 다음 중 발달격이 아닌 것은?

①

戊	丙	戊	辛
戌	子	戌	丑

②

癸	甲	辛	癸
酉	寅	酉	亥

③

辛	戊	己	壬
酉	辰	酉	寅

④

丁	丁	辛	壬
未	卯	亥	辰

30

채용하는 격국 III

1) 기타 특별 외격

• 도화격

사주 내에 자오묘유(子午卯酉)가 네 지지에 있을 때를 말한다. 도화살이 3개 이상이 있으면 성립된다.

壬	丁	癸	壬
寅	酉	卯	子

• 연살도화격

인오술년생은 월지가 묘(卯), 신자진년생은 월지가 유(酉), 사유축년생은 월지가 오(午), 해묘미년생은 월지가 자(子)에 해당하면 연살도화격이다.

己	甲	己	壬
己	寅	酉	子

• 역마격

사주에 인신사해술(寅申巳亥戌)의 역마살이 3개 이상 있다.

甲	乙	壬	癸
申	亥	戌	酉

• 명예격

사주에 진술축미(辰戌丑未)가 지지에 3개 이상 있다.

乙	甲	辛	甲
丑	辰	未	戌

• 백호격

갑진(甲辰), 을미(乙未), 정축(丁丑), 무진(戊辰), 임술(壬戌), 계축(癸丑)이다. 3개 이상 있거나, 일주나 월주에 2개가 있어도 백호격이다.

甲	壬	甲	丁
辰	戌	辰	巳

• 괴강격

무진(戊辰), 무술(戊戌), 경진(庚辰), 경술(庚戌), 임진(壬辰), 임술(壬戌)이다. 3개 이상 있거나, 일주나 월주에 2개가 있어도 괴강격이다.

癸	壬	庚	丁
卯	戌	戌	亥

• 양인격

병오(丙午), 무오(戊午), 임자(壬子)이다. 3개가 있거나, 일주나 월주에 2개가 있어도 양인격이다.

甲	丙	壬	丁
午	午	子	丑

• 괴강, 백호, 양인 혼합격

괴강, 백호, 양인인 혼합해서 사주 내에 3개 이상 있다.

壬	癸	戊	己
戌	丑	辰	酉

• 금수雙청격

천간에 금수가 함께 있는 것을 말한다. 경금과 임수, 신금과 계수가 함께 있다.

壬	壬	庚	乙
子	辰	辰	卯

• 목화통명격

목일 간에 지지가 화로 이루어져 있고, 천간에 병, 정이 투간되어 있다.

丁	甲	甲	丙
卯	寅	午	午

• 사고격

진술축미(辰戌丑未) 네 글자가 모두 있다.

戊	癸	壬	癸
辰	丑	戌	未

• 사맹격

인신사해(寅申巳亥) 네 글자가 모두 있다.

甲	戊	丁	癸
寅	申	巳	亥

• 사패격

자오묘유(子午卯酉) 네 글자가 모두 있다.

乙	戊	癸	甲
卯	午	酉	子

• 복덕수기격

천간에 을목이 乙乙乙이 있거나 지지에 사유축(巳酉丑) 세 글자가 있는 경우를 말한다.

己	辛	辛	戊
丑	巳	酉	辰

• 천간공협격

천간순식격이라고도 한다. 연월일시 천간이 순서대로 생한다. 양간은 양간끼리 음간은 음간끼리여야 한다. 병과 무 사이에 정이 빠져 있다.

壬	庚	戊	丙
午	戌	戌	午

• 지지공협격

천간공협격과 마찬가지로 연지부터 시지까지 건너뛰고 진행된다. 지지순식격이라고도 한다.

甲	甲	丙	戊
子	寅	辰	午

• 간지공협격

60갑자공협격을 말한다. 60갑자 순서에 따라 비어 있는 것을 말한다.

1甲子	2乙丑	3丙寅	4丁卯	5戊辰	6己巳	7庚午	8辛未	9壬申	10癸酉
11甲戌	12乙亥	13丙子	14丁丑	15戊寅	16己卯	17庚辰	18辛巳	19壬午	20癸未
21甲申	22乙酉	23丙戌	24丁亥	25戊子	26己丑	27庚寅	28辛卯	29壬辰	30癸巳
31甲午	32乙未	33丙申	34丁酉	35戊戌	36己亥	37庚子	38辛丑	39壬寅	40癸卯
41甲辰	42乙巳	43丙午	44丁未	45戊申	46己酉	47庚戌	48辛亥	49壬子	50癸丑
51甲寅	52乙卯	53丙辰	54丁巳	55戊午	56己未	57庚申	58辛酉	59壬戌	60癸亥

• 정란차격

경금일간에 신자진이 모두 있는 경우다. 지혜롭고 학자풍이다.

甲	庚	丙	戊
子	申	辰	午

• 구진득위격 I

무토나 기토일간에 수가 많거나 목이 많다. 월지가 수나 목이고 삼합, 방합, 육합을 이루어 목이나 수로 변할 때를 말한다. 신약사주보다 우선으로 본다.

己	戊	辛	辛
未	寅	丑	卯

• 구진득위격 II

무토일간일 때 지지에 화가 많거나 삼합, 방합, 육합이 모두 화로 변할 때를 말한다. 명예와 관직 분야로 가서 능력을 발휘한다.

丙	戊	丁	癸
戌	午	巳	卯

• 현무당권격

임수 또는 계수일간일 때 지지에 화가 많거나 합을 하여 화가 많다. 반드시 월지가 사오미중에 하나이면서 다른 지지와 합을 이루는 경우여야 한다. 정치를 하거나 사업가가 많다.

丙	壬	甲	丙
午	寅	午	午

• 육임추간격

임일간에 인이 많을 때를 말한다. 특히 천간에 임이 많을수록 좋다. 관직이나 명예직으로 가면 능력을 발휘한다.

壬	壬	甲	戊
寅	寅	寅	寅

• 양간부잡격

천간이 한 오행만으로 이루어져 있으면서, 양음양음으로 되어 있거나 음양음양으로 되어 있다. 관직이나 자유로운 직장을 선택하면 좋다.

乙	甲	乙	甲
丑	子	亥	辰

• 천간일기격

사주 천간이 하나의 글자로만 되어 있는 경우다. 청귀격으로 관직이나 명예직으로 가면 좋다.

乙	乙	乙	乙
酉	巳	酉	酉

• 지지일기격

사주 내 지지가 한 글자로만 되어 있는 경우다. 지원일기격이라고도 한다. 명예나 관식으로 가면 좋은데 명예란 이름을 얻는 것이니, 유명인이나 인기인이 될 수 있다.

己	丁	乙	乙
酉	酉	酉	酉

• 봉황지격

천간도 같은 글자로만 이루어져 있고, 지지도 같은 글자로만 이루어진 경우다. 천간과 지지가 상생해야 한다.

戊	戊	戊	戊
午	午	午	午

• 팔자연주격

연월일시가 마치 구슬을 꿰듯 이루어진 경우다. 연주와 일주가 같고 월주와 시주가 같다. 인생의 흐름이 좋고 인덕이 있으며 어려운 상황에도 귀인의 도움이 있다.

丁	癸	丁	癸
巳	丑	巳	丑

• 천지덕충격

연과 월이 충하고, 일과 시가 충하는 것을 말한다. 명예와 관직을 상징하고 이름을 얻거나 인기를 얻어 유명인이나 직장이 좋다.

辛	丁	乙	辛
丑	未	未	丑

• 천지덕합격

연월과 합하고 일시가 합하는 것을 말한다. 천지덕충격과 작용은 같다.

乙	庚	癸	戊
酉	戌	亥	寅

• 천지합충격

연과 월이 충하고 일과 시가 합하거나 연과 월이 합하고 일과 시가 충하는 것을 말한다. 관직으로 가면 좋다.

己	甲	癸	丁
巳	申	卯	酉

• 순환상생격

목화토금수 오행이 시계방향이든 반대방향이든 순서대로 가는 것을 말한다. 여덟 글자 중 일곱 글자만 돌아도 가능하고 오행 중 4개만 순환하면 팔자 여덟 자를 모두 돌아야 한다.

丙	乙	乙	甲
戌	酉	亥	子

• 자오쌍포격

연월이 자수이고, 일시가 오화인 경우다. 단, 연지에 신금이 있어도 상관없다. 관직을 가지면 좋다.

戊	戊	壬	壬
午	午	子	子

• 천상삼기격

사주 천간에 갑무경 세 글자가 모두 있다. 어려운 일이 닥쳐도 귀인의 도움으로 헤쳐나간다. 인덕이 있다.

丁	庚	甲	戊
亥	午	寅	子

• 지하삼기격

사주 천간에 을병정 세 글자가 있는 경우다. 천상삼기격과 같은 작용을 한다.

乙	丙	庚	丁
未	辰	戌	巳

• 인간삼기격

사주 천간에 신임계가 모두 있는 경우다. 인덕이 있고 명예를 가지고 가거나 관직으로 가면 좋다.

辛	壬	癸	乙
亥	午	未	巳

• 현침격

현침살은 갑오미신신(甲午未申辛) 다섯 글자를 말한다. 4개 이상이 사주 내에 있을 때를 현침격이라고 한다. 뾰족한 도구를 가지고 하는 직업이 좋다. 의사, 한의사, 기자, 문인, 간호사, 자동차 정비, 건축설계, 디자이너 등이다.

壬	乙	癸	庚
午	未	未	申

• 천문격

천문성은 묘술해미(卯戌亥未) 네 글자를 말하는데, 세 글자 이상 있을 때 천문격이라고 한다. 월지와 일지가 있으면 두 글자도 괜찮다.

丁	癸	丁	丁
巳	卯	亥	亥

• 병존격

무무, 경경, 술술, 임임, 계계와 같이 두 글자가 나란히 붙어 있다.

甲	戊	戊	己
寅	申	辰	卯

•대운격

대운에서 용신육친이 20년간 들어온다.

辛	丙	庚	丙
卯	子	子	申

75 65 55 45 35 25 15 5

戊 丁 丙 乙 甲 癸 壬 辛

申 未 午 巳 辰 卯 寅 丑

목화 용신이다. 대운이 35세부터 74세가지 40년간 들어온다.

•천간삼기진귀격

천간에 재성, 관성, 인성이 모두 있는 경우다. 인덕이 있고 명예가 따른다.

辛	甲	癸	己
未	午	酉	亥

•지지삼기진귀격

지지에 재성, 관성, 인성이 모두 있는 경우다. 인덕이 있고 명예가 따른다.

戊	辛	甲	癸
戌	亥	寅	巳

• 간지순행격

간지 순서대로 돌아가는 것이다. 일천간 정미, 무신이 순행이다.

戊	丁	庚	辛
申	未	寅	亥

• 천간순행격

연월일시가 순행이거나 반대로 순행해도 된다. 천간연주격이라고도 한다. 부모 복이나 상사 복이 있다.

己	戊	丁	丙
未	戌	酉	申

• 지지순행격

지지가 순행하는 것을 말한다. 인격이 높고 의지가 강하며 돈과 명예가 따른다.

丁	甲	己	庚
卯	寅	丑	子

• 십간구전격

사주 내에 천간과 지지와 지장간을 모두 합쳐서 갑을병정무기경신임계가 모두 있는 것을 말한다. 명예와 관직이 높고 인복도 좋다.

辛	壬	庚	丁
丑	寅	戌	卯

• 팔자순양격

양팔통격이라고도 한다. 사주 여덟 글자가 모두 양으로 되어 있다. 활동성이 크고 적극적이며 자유주의자적인 기질이 강하다.

甲	甲	丙	戊
子	寅	辰	午

• 팔자순음격

음팔통격이라고도 한다. 사주 여덟 글자가 모두 음으로 되어 있다. 안정적이고, 자신만의 공간에서 생각하고 연구하는 직업을 가질 때 능력을 발휘한다.

丁	己	辛	癸
卯	未	酉	卯

1. 특별외격에 대한 설명이다. 틀린 것은?

① 역마격은 사주 내에 역마살이 3개 이상이어야 한다.

② 백호격은 일주, 월주에 2개가 있어도 된다.

③ 금수쌍청격은 천간에 병, 정이 있다.

④ 명예격은 지지에 진술축미가 3개 이상이어야 한다.

2. 다음 설명 중 맞는 것은?

① 사패격은 乙乙乙이 3개 있는 것이다.

② 사맹격은 辰戌丑未가 모두 있다.

③ 사고격은 子午卯酉가 모두 있다.

④ 복덕수기격은 지지에 巳酉丑이 모두 있다.

3. 다음 설명 중 틀린 것은?

① 지지일기격은 지지에 예) 酉酉酉酉가 있다.

② 천간일기격은 천간에 예) 庚庚庚庚이 있다.

③ 봉황지격은 사주가 예) 戊午, 戊午, 戊午, 戊午로 이루어져 있다.

④ 천상삼기격은 천간에 甲, 丙, 庚이 있다.

4. 다음 설명 중 맞는 것은?

① 현침격은 卯戌亥未가 있는 것이다.

② 천문격은 甲午未辛申이 있다.

③ 병존격은 戊戊,庚庚,戌戌 등이 있다.

④ 인간삼기격은 辛, 乙, 癸이다.

5. 다음 설명 중 틀린 것은?

① 팔자순양격은 사주가 모두 陽이다.

② 팔자순음격은 사주가 모두 陰이다.

③ 천간순행격은 예) 丙丁戊己이다.

④ 지지순행격은 예) 子寅辰午이다.

사주 카운슬러
Q&A 10

상담 사례로 답변한
Q&A 10

Q1. 결혼하고 싶은데, 남편 복이 없대요. 괜찮을까요?

A1. 남편 복이 매우 약하거나 팔자에 남편이 없는 분이 공통적으로 듣는 말이 있다. "남편 잡아먹는다", "결혼하면 남편이 잘 안 된다", "늦게 결혼해라", "주말부부해라" 등. 물론 내가 한 말은 아니다. 대부분 점집이나 사주를 겉핥기 식으로 배운 상담가에게 남편 복이 약한 상담자들이 듣고 와서는 하는 말이다.

점집의 무당과 상담가들에게 묻고 싶다. 아니, 그러면 남편 복이 약하니 도대체 어쩌란 말인가? 피할 수만 있다면, 결혼하지 말고 혼자 살면 간단하다.

남편 복이 좋은 여성들은 사주를 보러 오지 않는다. 문제가 없는데 왜 사주를 보러 오겠는가. 힘드니까, 뜻대로 안 되니까, 노력해봐도 잘 안 되니까, 상담실을 찾는 것이다. 그런 여성에게 이런 조언이 도움이 될까? 예를 들어, 오른팔이 없는 이에게 "당신은 오른팔이 없어서 불편해. 양팔이 다 있는 사람보다는 불편해" 하는 식이지 않을까.

남편 복이 매우 약한 스물 중반의 여성은 나에게만 궁합을 열네 번이나 보고 나서 결국 외국인 남편과 결혼해 네덜란드로 가 잘살고 있다.

"남편 복이 너무 약하다. 결혼을 하고 싶나요?"

"하고 싶어요."

"그러면 잘 골라요. 남자를 고를 수 있는 선택권은 당신에게 있어요."

그녀는 남자를 만날 때마다 그의 생년월일을 가지고 와서 나에게 궁합을 봤다. 70점짜리 남자 사주만 가지고 왔다. 남 주기는 아깝고, 나랑 결혼하기에는 부족한 남자다. 본인의 사주가 그렇기도 하다. 대부분의 남편 복이 약한 사주의 여성은 '이보다 괜찮은 남자가 또 있겠어. 적당히 타협해서 그냥 해야지' 이런다.

내 인생이다. 그러니 최선을 다해서 골라야 한다. 사주팔자는 운명적으로 가지고 태어난 것도 있지만, 노력해서 개선되는 점도 분명히 있다. 사주팔자에 장점이 굉장히 많아서 부족할 것이 없어 보이는 사람도 아주 가끔 사주 값을 못하고 사는 모습을 보기도 했다. 팔자상 부족한 부분은 노력하면서 피할 수 있으면 피하면서 좋은 부분은 더 부각시키며 살아야 한다. 노력했는데 안 되는 경우도 많다. 운이 따라와주지 않을 때이다. 그럴 때는 상담을 받고 참고하면서 긴 호흡으로 가자. 비 맞지 말고, 우산을 쓰자.

Q2. 사주가 너무 약해서 빨리 죽을 수 있다는데요?

A2. 일 년에 몇 번씩 듣는 말이다. 인터넷 검색만 해봐도 사주에 대해 많은 정보가 올라와 있다. 물론 검증된 정보도 있고, 여기저기서 퍼다 놓은 것도 많다. 내 인생에 대해 궁금할 것이기에 여기저기에서 공부해보거나 상담을 받다 보니 오히려 혼란스러울 때가 더 많은 것이다. 이는 마치 코끼리 꼬리만 만지면서 빗자루, 배만 만지면서 나무껍질이라고 우기는 것과 같다. 어떠한 사주든 장점도 있고, 단점도 있다. 장점이 많은 사람은 살아가기가 수월하다. 반면에 단점이 많은 사람은 사는 것이 팍팍한 게 사실이다.

하지만 신강한 사주는 무조건 좋고, 신약한 사주는 무조건 안 좋은 게 아니다. 굳이 상대적으로 말하자면, 신약보다는 신강이 좋을 수 있다. 하지만 신강신약만으로 사주팔자를 다 평하지는 않는다. 그래서 음양오행부터, 격국까지 체계적으로 배워서 상담하라고 강조하지 않을 수 없다.

사주에 단점이 많은 사람도 분명히 장점을 가지고 있다. 운명론으로 봤을 때 단점을 가지고 태어난 것을 장점화시키기는 어렵다. 다만, 단점으로 살지 말고 장점을 더 극대화해서 사는 게 훨씬 현명하다. 말처럼 쉬운 일은 아니지만, 내 인생이니까 진실되게 노력하면서 살 수밖에 달리 뾰족한 수가 없지 않은가. 그래서 살다가 힘들 때 좋은 선생님, 좋은 친구, 좋은 종교, 좋은 책, 좋은 교육 등으로 내 영혼을 정화시키는 것이다.

사주팔자를 공부한다는 것, 상담을 받는 첫 번째 이유는 내 인생을 이해하기 위해서다. 내 팔자를 인정하고 싶어서다. 신약한 사주를 받아들이고 부족한 부분을 채우기 위해 노력하며 살자. 나무로 태어났으면 나무로 살고, 돌로 태어났으면 돌로 살고, 물로 태어났으면 물로 살자. 왜 나무냐고? 돌이냐고? 물이냐고? 따지지 말고.

Q3. 화개살이 있어서 기생이나 무당이 돼야 한대요. 어떡해요?

A3. 뭘 어떻게 해? 그렇게 말한 분한테 가서 이유를 물어봐야지!

그놈의 화개살, 도화살, 백호대살, 괴강살, 공망살, 원진살! 제발 그만 좀 써먹었으면 좋겠다. 있는 것은 있는 것이다. 화개살이 있는데 없다고 말할 수는 없다. 문제는 화개살만 말해서 탈이다. 사주 여덟 글자에 마치 화개살만, 도화살만, 백호대살만 있는 것처럼 상담해서 문제다.

"제가 자궁에 무슨 살이 있어서 아이를 못 낳는대요. 어떡해요."

"무슨 살이 있대? 굳은살? 비곗살? 어떤 살?"

나는 이렇게 상담자에게 되묻기도 한다.

아직까지 이런 고리타분한 이론으로 상담하고 있다니!

역학(易學), 사주명리학(四柱命理學)은 시대에 맞게 봐야 한다. 이 학문이 중국을 거쳐 우리나라에 상륙한 것만 해도 최소 천 년이 넘는다. 옛날 옛적 남성 중심의 계급사회, 사농공상 철저한 신분사회에 왕이 통치를 하던 시대에나 통하던 과숙살, 백호살, 상문살, 효신살, 급각살 이런 용어들을 써가며 상담하는 걸 지양해야 한다. 이렇게 살 살 살 들을 강조하며 상담자들에게 불안감을 주는 게 과연 옳을까.

상담가는 사람을 살리는 직업이다. 잊지 말길.

오늘도 많은 분에게 용기를 주며 사주 상담을 성실히 잘하고 계신 주변의 선생님들에게 박수를 보낸다. 예비 상담가 선생님들, 열심히 공부하시어 머지않아 함께 걷자.

Q4. 용신이 뭐예요?

A4. 사주를 통변하는 이론 중에 하나인 용신(用神)은 사주 당사자에게 필요한 기운을 말한다. 다시 말해서 부족한 음양과 오행, 육친이다. 용신이 대운에서 들어와 주면 좋다. 용신대운이다. 하지만 문제는 용신이 들어온다고 해서 무조건 다 좋아지는 것은 아니다. 용신이 들어오면 만사형통이 되는 것처럼 사주를 간명하면 안 된다. 용신이 흉신이 되는 경우가 많다.

용신론으로만 사주를 간명한 후 손님과 마찰을 일으키는 선생님들을 너무나 많이 보았다. 왜냐하면 용신이 들어왔는데 그랬다고? 안 좋았다고? 그럴 리가 없을 텐데? 용신인데? 이러면서 손님과 언쟁을 벌이는 것이다. 용신에 대한 충분한 이해가 필요하다. 용신이 들어와서 가만히 있지를 않는다. 합이나 충으로 변질된다. 사주원국에 어떠한 영향을 미쳤나? 나한테 용신으로 다가와 흉신이 되었나? 희신으로 들어와 흉신으로 되었나를 본 다음에 간명을 하면 손님과 그러한 마찰도 없을 것이다.

용신은 결코 쉽게 접근할 수 있는 이론이 아니다.

상담 선생님 자신도 용신에 대해 이해를 잘 못하는데 어떻게 손님이 이해를 하겠는가? 그리고, 뭐나 되는 것처럼 어려운 용어들을 손님들께 말한다.

"이번 대운에 용신대운이에요. 그래서 좋아요. 이번 년도가 희신년도라서 용신한테 도움이 되니까 좋은 해에요."

이런 식이다. 상담자를 전혀 공감하지 못한다. 어려운 이론을 배워서 어렵게 상담하지 말고, 손님과 교감이 잘되는 이론을 말하며 손님의 만족도가 높은 상담을 했으면 한다. 병원에 갔는데 의사 선생님이 본인만 아는 용어로 내 병에 대해 설명하는 격이다. 무슨 소리를 하는지 도무지 이해가 안 되고 귀신 씨나락 까먹는 소리만 듣다 온 것 같다. 그래서 내 병이 뭐라고? 어떻게 하라고? 뭔 약을 쓰라고?

가끔 젊은이 중에서 인터넷에 검색해본 후 질문한다.

"선생님, 저는 용신이 뭐예요?"

사주를 전문적으로 공부한 이도 아니다. 그러면 대답해준다.

"○○ 씨는 용신이 목화입니다. 천간에 있는 병화가 용신입니다."

그러면 질문한 당사자는 알아들었을까? 그래서 인생이 어쩐다고요? 사주 상담이 아니고 강의를 해야 하는 판이다. 용신론은 절대로 안 좋은 이론이 아니다. 좋은 칼도 잘 다듬어 잘 써야 칼이다. 안 그러면 칼 역할을 못한다. 쓸 수 없으면 아예 처음부터 칼을 빼들지 말아야 한다. 그게 현명한 방법이다.

Q5. 관상은 사주에 영향을 주나요?

A5. 코로나19가 기승을 부리던 2021년 어느 날, 스물 둘의 한 여성이 상담을 받으러 왔다. 마스크를 썼지만, 한눈에 봐도 심상치 않은 외모다. 안전 거리를 유지하고 마스크를 잠깐만 벗어보라고 했다.

세상에! 양쪽 볼까지 타투다. 목, 팔뚝에도 이미 타투로 뒤덮여 있는데 얼굴까지…….

관상학적으로 매우 안 좋다. 그녀의 사주를 보니 계수일간에 축월에 진술이 지지에 있다. 탁수다. 깨끗한 물로 태어난 이 여성은 그대로였을 때 삶의 가치를 발휘하나 토가 개입해서 관상을 해하게 하면 물이 탁해진다.

왜 이렇게 타투를 많이 했냐고 했더니, 아는 오빠가 자꾸 하라고 한단. 자기 몸이 스케치북인 셈이다. 왜 얼굴까지 했냐고 묻자 그 오빠가 네 얼굴이 훨씬 개성 있어 질 거라고 말해서 했다는 것이다. 그 오빠가 옆에 있었으면 내 성격상 시원하게 욕했을 것이다. 그 남자가 토다! 그 남자로 인해 자신의 인생이 탁해지니 얼마나 답답하겠는가.

타투는 자기 표현 방식이다. 개성이라고 MZ세대는 말한다. 홍대에서 2013년부터 상담을 했기 때문에 굉장히 보수적인 나도 많이 유연해지고 20대를 이해한다고 생각한다. 하지만 자기표현, 개성을 가장한 온몸의 타투는 절대 부정한다. 목뒤나, 팔꿈치나, 발꿈치 정도에 예쁘게 하는 타투는 괜찮다. 하지만 얼굴이나, 목 전체, 온몸에 타투를 하는 건 관상학적으로도 절대 권할 게 못 된다.

혀, 코, 눈썹, 심지어 입술, 온 얼굴에 피어싱을 열서너 개 하고 분홍 재킷, 분홍 바지를 입은 통통한 사내가 상담실을 찾아왔다. 나름 귀염성이 있었다. 그런데 얼굴에 구멍을 너무 많이 낸 것이 흠이었다. 왜 했냐고 물으니 개성이란다. 하고 싶어서 했단다. 다른 사람의 시선을 끄는 게 좋냐고 묻자 나쁘지 않단다. 들어올 때부터 알아봤다.

자신의 얼굴과 몸을 해하면서까지 표현하고 개성을 살리다가 건강에 문제가 생기거나 겪지 않아도 되는 불행을 맞을 필요가 있을까. 나를 꼰대라고 해도 상관없다. 사주와 관상학을 공부한 상담가로서 인생에 악영향을 주는 관상 바꿈은 적극적으로 말리고 싶다.

사주와 관상은 밀접한 관계가 있다. 운이 좋아지면 관상도 바뀐다. 좋은 인상을 가지기 위해서 노력해야 내 인생도 긍정적으로 바뀔 수 있다. 그러니 관상에 상처를 내는 짓은 절대 하지 말자.

Q6. 6개월이면 사주 공부 마스터 해주는 데가 있대요.

A6. 나도 그랬으면 좋겠다. 6개월 만에 이 공부가 끝이었음 좋겠다. AI가 봐도 그렇게 되기 힘들다. 이론 공부를 체계적으로 하는 데 6개월쯤 걸린다. 왜냐하면 매일매일 주입식으로 공부하기 힘들다. 세월의 약을 좀 타야 한다. 이론을 공부한 후 사주를 계속 풀어 봐야 한다. 그걸 '통변한다'라고 한다.

간명지에 사주를 적고 배운대로 음양오행부터 육친, 격국까지 차례대로 적어가며 착

실하게 공부해야 한다. 어느 날 갑자기 일취월장하는 공부가 아니다. 인내심이 상당히 필요하다. 그것마저도 공부라고 생각해라.

Q7. 월요일에 두 과목, 수요일에 한 과목, 목요일에 두 과목 이렇게 해서 6개월만에 모든 공부를 다 끝낼 수 있어요?

A7. 물론! 시간이 되고 수강료가 두둑하게 준비돼 있다면야 할 수는 있다. 그렇지만 효과는 빵점이다. 사주를 풀어야 하는데, 풀 수가 없다. 마치 장이 숙성되듯 꾸준히 끈기를 가지고 공부해야 한다. 3년은 넘게 해야 한다.

마음이 급해서 빨리 공부하고 상담해서 돈을 벌고 싶은 마음 이해한다. 하지만 바늘허리에 실 뀔 수 있는가. 이론을 배우고 간명지에 사주를 써가며 100쪽짜리 간명지 10권 정도는 사주를 풀어봐야 한다. 그래야 현장에서 상담할 수 있다. 실수를 많이 하면 그만큼 되돌아와야 하기 때문에 어차피 그 시간이 그 시간이다. 공부 총량의 법칙이 있다는 뜻이다.

사주 3년 공부 열심히 해서 죽을 때까지 상담할 수 있다. 물론 중간에 조금씩 공부를 채워가야 하지만, 그래도 3년 정도는 무조건 성실하게 공부할 생각으로 시작해야 한다. 급하게 생각해서 될 일이 절대로 아니다.

Q8. 한문을 많이 알아야 사주 공부할 수 있지요?

A8. 한문을 많이 알면 모르는 것보다야 유리하다. 그런데 재료 많다고 꼭 맛있는 음식을 요리할 수 있는 건 아니듯이 천간 열 글자, 지지 열두 글자만 한문으로 쓸 줄 알아도 된다.

갑을병정무기경신임계(甲乙丙丁戊己庚辛壬癸).

자축인묘진사오미신유술해(子丑寅卯辰巳午未申酉戌亥).

이 정도만 한문으로 쓸 줄 알아도 상담은 충분히 잘할 수 있다.

어려운 용어를 쓰고, 한문을 많이 쓰면 사주 잘 본다고 하나? 지금은 상담자와 소통하는 상담을 하는 게 중요하다. 상담자의 말을 경청하는 게 최우선이다.

Q9. 자격증을 많이 따서 걸어 놓고 상담하면 좀 폼이 나겠지요?

A9. 물론! 자격증이 없는 것보다는 낫다. 하지만 자격증은 자격증일 뿐이다. 한식, 중식, 일식, 제과, 제빵, 바리스타 자격증 다 있다고 치자. 그럴 때 기본 지식은 있을지 몰라도 바로 요리를 잘하는 것은 아니지 않는가. 자격증 시대이기 때문에 타로나 사주도 민간 자격증을 준다. 자격증을 취득하고 나서 더 열심히 연마해야 하지 않을까? 많은 사주를 통변해보는 연습이 중요하다. 자격증 취득 후 바로 상담할 수는 없다.

Q10. '사람을 살리는 상담'이라는 게 무슨 뜻인가요?

A10. 나른한 봄날 오후 4시쯤 한 청년이 담담한 얼굴로 상담실 문을 열고 들어왔다.

한동안 말이 없다가 드디어 입을 열고 첫 마디가 이렇다.

"선생님께 마지막으로 사주 보고 희망이 없다고 하면 마포대교 가려고요."

헙! 협박인가? 태연하게 웃으면서 생년월일시를 물었다.

사주는 너무 신강하고 운도 잘 따라와주지 않는 형국이지만, 4년 후부터 바뀐다. 길(吉)한 대운으로 40년이 흐른다. 30대부터 70대까지는 운에서 탄탄대로인 셈이다. 사주를 있는 그대로 설명했다. 더하거나 빼는 것 하나도 없이!

"그동안 힘들었겠구나, 고생했다. 열심히 살아낸 그대에게 박수와 위안을 보낸다."

사주를 보다 보면 항상 공통점이 있다. 어려워도, 힘들어도 살길이 있다.

"4년이나 더 기다려야 돼요?"

사실 나는 이런 대답이 나올 줄 알았다. 하지만 대반전!

"정말요? 4년만 더 있으면 될까요? 그럼 됐습니다!"

이 청년은 마포대교에 가지 않았다.

너무 힘들어서 이곳저곳을 다니면서 사주도 보고 점도 봤는데, "너 죽을 운이다" "힘든데 어떻게 살래?" "굿 하자" "조상이 막고 있네" "네가 태어나면서부터 너네 집안이 망했다" 등 온갖 막말을 들었다고 한다.

이제 화도 안 난다. 처음 상담할 때는 이런 말을 하면 내가 상담자보다 더 격분하곤 했다. 도대체 힘들어서 상담하러 온 분에게 왜 이런 식으로 말할까? 그렇게 해서 서로 무슨 도움이 될까? 설령 부적을 쓰고 굿을 한들 그 돈으로 호의호식할 수 있을까? 손바닥으로 하늘을 가릴 수는 없다. 무턱대고 희망고문을 하라는 말이 아니다. 절박한 심정으로 상담하러 온 분은 어떻게든 살리고 봐야 한다는 뜻이다.

제대로 사주를 배우면 가능하다. 제대로 인생을 읽어줄 수 있고, 사주팔자에 반드시 살길이 있으므로 나은 방향을 제시해줄 수 있다는 뜻이다. 음양오행, 12신살, 구성학, 원진살, 공망살, 이런 것만 대충 배워서 상담석에 앉으면 절대 안 된다.

이 청년같이 절박해서 사주 보러 오는 사람들을 너무 많이 만난다. 일 년에도 수십 번씩 활인업을 해야 한다. 사람을 살려야 한다. 죽이는 게 아니라.

셀프
사주풀이
간명지

01 구글플레이어에서 '원광만세력'을 다운 받으세요.

　＊ 책으로 된 만세력으로 사주를 세울 수도 있지만, 초보 입문자가 편리한
　　방법을 채택합니다.

02 성별, 본인의 이름, 생년월일시, 양력, 음력을 구분하여 정확하게 입력하
세요.

03 원광만세력에 나온 대로 간명지에 옮겨 적습니다.

04 나의 일간을 보고 내 사주가 무엇인지 보세요.

　예) 갑목(甲木)-큰 나무, 병화(丙火)-태양

05 오행의 개수를 적습니다.

06 부족한 오행 또는 너무 많은 오행을 파악합니다.

07 부족한 오행은 앞으로 색깔이나 방향(이사나 이직)으로 활용하세요.

　예) 목이 부족하면 초록색, 하늘색, 파란색의 옷이나 액세서리 등을 다양하
　　게 활용하시고, 동쪽으로 이동하면 좋습니다.
　　또한, 여성이라면 간이나 부인과, 즉 자궁, 유방, 갑상선 질환을 조심해야
　　합니다. 남성이라면 간질환에 주의하세요.

시 (時)	일 (日)	월 (月)	년 (年)	
				천간 (天干)
				지지 (地支)

오행 (五行)	木	火	土	金	水
육친 (六親)					

신살 (神殺)	

										대 운 (大運)

										세 운 (歲運)

시 (時)	일 (日)	월 (月)	년 (年)	
				천간 (天干)
				지지 (地支)

오행 (五行)	木	火	土	金	水
육친 (六親)					

신살 (神殺)	

										대 운 (大運)

										세 운 (歲運)

시 (時)	일 (日)	월 (月)	년 (年)	
				천간 (天干)
				지지 (地支)

오행 (五行)	木	火	土	金	水
육친 (六親)					

신살 (神殺)	

									대 운 (大運)

									세 운 (歲運)

221

시 (時)	일 (日)	월 (月)	년 (年)	
				천간 (天干)
				지지 (地支)

오행 (五行)	木	火	土	金	水
육친 (六親)					

신살 (神殺)	

									대 운 (大運)

									세 운 (歲運)

시 (時)	일 (日)	월 (月)	년 (年)	
				천간 (天干)
				지지 (地支)

오행 (五行)	木	火	土	金	水
육친 (六親)					

신살 (神殺)	

									대 운 (大運)

									세 운 (歲運)

시 (時)	일 (日)	월 (月)	년 (年)	
				천간 (天干)
				지지 (地支)

오행 (五行)	木	火	土	金	水
육친 (六親)					

신살 (神殺)	

										대 운 (大運)

										세 운 (歲運)

시 (時)	일 (日)	월 (月)	년 (年)	
				천간 (天干)
				지지 (地支)

오행 (五行)	木	火	土	金	水
육친 (六親)					

신살 (神殺)	

										대 운 (大運)

										세 운 (歲運)

시 (時)	일 (日)	월 (月)	년 (年)	
				천간 (天干)
				지지 (地支)

오행 (五行)	木	火	土	金	水
육친 (六親)					

신살 (神殺)	

									대 운 (大運)

									세 운 (歲運)

시 (時)	일 (日)	월 (月)	년 (年)	
				천간 (天干)
				지지 (地支)

오행 (五行)	木	火	土	金	水
육친 (六親)					

신살 (神殺)	

									대 운 (大運)

									세 운 (歲運)

시 (時)	일 (日)	월 (月)	년 (年)	
				천간 (天干)
				지지 (地支)

오행 (五行)	木	火	土	金	水
육친 (六親)					

신살 (神殺)	

									대 운 (大運)

									세 운 (歲運)